호가창 하나로 시장을 돌파한다! 200
캐리 트레이더의 투자 원칙 210

PART 08

변동성을 사냥하는 속도의 투자자

트레이더 **월억언제해보나** 213

깡통에서 메이저리그까지 215
돈이 몰리는 흐름만 공략한다! 시세를 뜯어먹는 기술 221
돈을 지키는 자만이 판을 지배한다 235   월억언제해보나 트레이더의 투자 원칙 238

PART 09

찰나의 기회를 놓치지 않는 상따의 장인

트레이더 **뭐라도되겠지**(배짱이인생) 241

24만 원에서 6억 5천으로, 수익의 속도가 달랐다 243
멈춤과 절제 : 잃지 않는 거래의 무기 248
뭐라도되겠지 트레이더의 투자 원칙 252

주식용어정리 253

PART 05

1분 스캘핑으로 시장을 제압한 젊은 승부사

트레이더 **만쥬** 139

스캘핑 ❶

우연한 시작, 손실 그리고 단타의 문을 열다 141
흐름만 읽는다! 기계적 스캘핑의 비결 147   매매 기법과 실력 향상의 핵심 155
버는 방법을 배웠다면 지키는 방법을 연구하라 158
만쥬 트레이더의 투자 원칙 161

PART 06

노트북 하나로 스캘핑 정복! 여행하는 트레이더

트레이더 **바른다른** 165

스캘핑 ❷

스캘핑, 작살이 아닌 낚싯대를 드리워라 167   시장의 심장 소리를 해독하는 법 172
공식은 같아도 결과가 다른 이유, 변수는 바로 나 자신 180   기법보다 심법이다 185
바른다른 트레이더의 투자 원칙 190

PART 07

호가창만으로 시장을 지배하는 천재 트레이더

트레이더 **캐리**(상패도둑, 월드컵베이비) 193

스캘핑 ❸

고3에 주식을 접하고, 게임 같은 스캘핑에 빠져들다 195

장 마감 30분이 기회의 순간이다 65

멘탈과 철학을 지켜야 계좌를 지킨다 83   신정재 트레이더의 투자 원칙 87

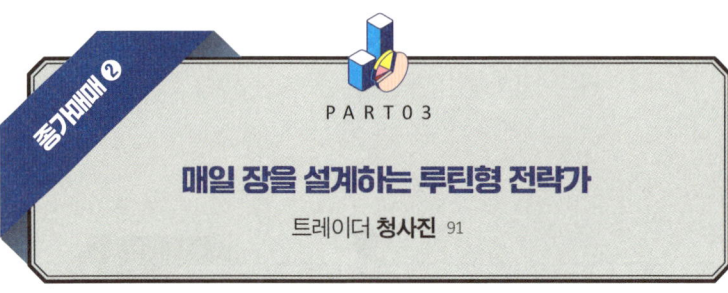

생활 리듬은 전략, 출금 습관이 해자를 만든다 93

재능보다 습관으로 이긴다 98   승부의 자리를 골라내는 조건 105

욕심을 버리고 시장을 인정하라 114

청사진 트레이더의 투자 원칙 119

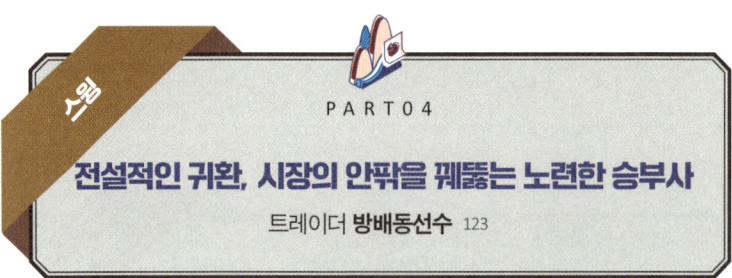

시장의 리듬을 읽고 눌림목에서 기회를 찾아라 125

손절과 멘탈 관리는 트레이더의 기본 생존 전략 131

방배동선수 트레이더의 투자 원칙 136

차례

머리말 _ 매매의 전설, 영웅들의 치열한 승부! 04
키움영웅전과 영웅(트레이더)들 07

PART 01

올라운딩

기법이 아닌 원칙으로 이기는 올라운드 트레이더
트레이더 **불개미** 15

최고의 승률은 원칙에서 나온다 17 승부의 기술 : 손절은 행운이다 24
트레이더의 생존학 32 불개미 트레이더의 투자 원칙 40

PART 02

중기매매 ①

한 달 만에 1억을 3억으로 만든 준비된 전략가
트레이더 **신정재** 43

소액 투자로 시작해 1억 리그 우승까지 45
우승자의 트레이딩 도구 활용법 51 진입의 결정적 순간을 알아차리는 비결 60

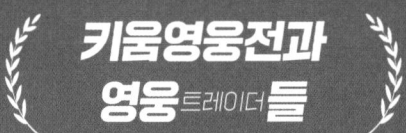

키움영웅전과 영웅 트레이더들

책 속에 등장하는 트레이더들은 단순히 '대회 수상자'라는 타이틀에 그치지 않습니다. 키움영웅전 실전투자대회에서 입상하여 한국거래소 시장감시위원회의 엄격한 불공정거래 심사를 통과한 '실력과 신뢰'를 동시에 증명한 트레이더들입니다.

수많은 매매와 치열한 경쟁 속에서도 흔들림 없는 성과를 만들어낸 트레이더들에게 존경의 박수를 전합니다.

이 책의 내용은 유튜브 채널 '키움영웅전' 영상 인터뷰를 바탕으로 제작되었습니다. 인터뷰 영상 시청 : [키움영웅전] 채널 검색 또는 아래 QR코드 스캔

하게 담아내고자 노력했습니다. 그런 면에서 이 책은 실패를 통해 체득한 원칙, 복기를 통해 다져진 습관, 계좌가 바닥난 순간에도 다시 일어서게 만든 정신력에 대한 기록이기도 합니다.

그 어떤 투자서보다 생동감 있고, 그 어떤 교과서보다 값진 통찰이 여러분을 기다리고 있습니다.

우리는 종종 '시장을 이기는 방법'을 찾으려 하지만, 그보다 더 중요한 것은 '어떻게 살아남을 것인가'입니다. 영웅전 수상자들의 이야기는 바로 이 생존의 지혜를 전합니다.

단타든 스윙이든, 종가매매든 상따든, 매매 방식은 제각각이지만 공통점이 있습니다. 모두가 자신만의 원칙을 세우고, 그것을 지켜내는 힘을 가지고 있다는 것입니다. 원칙이 무너지면 계좌도, 마음도 함께 무너집니다. 반대로 원칙을 지키는 자는 시장의 파도 속에서도 다시 기회를 맞이합니다.

이 책을 따라가다 보면 여러분은 자연스럽게 질문을 던지게 될 것입니다.
"나는 어떤 원칙으로 매매하고 있는가?"
"내가 세운 원칙을 끝까지 지킬 수 있는가?"
그리고 책장을 덮을 즈음, 여러분의 투자 여정에도 새로운 답이 하나쯤 자리 잡게 되리라 믿습니다.

차트 위의 영웅들은 먼 곳에 있지 않습니다. 어쩌면 지금 이 책을 읽고 있는 당신도, 언젠가는 또 다른 '영웅'으로 기록될 수 있습니다. 이 책이 그 길을 비추는 작은 등불이 되기를 바랍니다.

단순히 수익률로 이름을 알린 것이 아니라, 투자 실력에 더해 삶의 태도와 철학까지 전해준 이들을 엄선했습니다. 화면 속 20분 남짓의 인터뷰 뒤에는 사실 수천 번의 매매, 고뇌에 찬 수많은 밤과 새벽, 끝없이 반복되는 복기와 자기 성찰, 그리고 흔들림 없는 마인드셋이 숨어 있었습니다. 바로 그 점을 좀 더 깊고 충실하게 담아내고자 했습니다.

  이 책은 매매 기법만을 이야기하지 않습니다. 물론 각 트레이더들이 사용하는 구체적인 전략, 예를 들어 종가매매의 핵심 포인트나 스캘핑에서 호가창을 읽는 방법, 파동 해석, 상한가 따라잡기의 타이밍 등은 생생하게 기록되어 있습니다. 그러나 그것은 빙산의 일각일 뿐입니다. 더 중요한 것은 그들이 왜 그렇게 매매하는가, 어떤 마음가짐으로 시장에 임하는가라는 질문에 대한 대답입니다. 인터뷰 속 영웅들의 목소리는 기술을 넘어 철학을 담고 있습니다.

"손절은 돈을 잃는 것이 아니라, 앞으로 잃을 더 큰 돈을 지키는 행위다."
"망할 거면 젊을 때 망하고, 그 경험으로 연습하자."
"원칙이라는 안전장치를 만들어놓고, 그 안에서 마음껏 뛰어논다."

  이 짧은 문장들 속에는 시장에서 살아남은 이들이 흘린 땀과 시간, 치열한 고민과 통찰이 녹아 있습니다. 때로는 담담하게, 때로는 웃음 섞인 대화 속에서, 그들은 시장과 마주해 온 자신의 삶을 고백합니다. 여러분은 그 고백 속에서 '정보' 그 이상의 것, 즉 앞으로의 투자 여정을 지켜줄 '태도'를 발견하게 될 것입니다.

  인터뷰를 다시 책으로 엮으며, 실제 매매 현장에서 검증된 전략과 철학을 생생

매매의 전설이 된
영웅들의 치열한 승부

지난 몇 년간, 키움증권은 유튜브 채널 〈키움영웅전〉을 통해 수많은 트레이더들을 만났습니다. 시장의 파도에 몸을 던지며 스스로 길을 개척해 온 그들은 각자의 방식으로 돈의 강호를 살아가는 실전 투자자들이었습니다.

하루 수십 번의 초단타 매매를 반복하며 순간의 기회를 낚아채는 스캘핑의 장인, 장 막판 단 몇 분의 승부에서 수익을 만들어내는 종가매매의 달인, 흐름을 읽고 파도를 타듯 매매하는 스윙의 귀재, 상한가 문턱에서 과감히 베팅하며 단 하루 30%의 기회를 현실로 만드는 승부사들. 무엇보다도 수많은 손실과 실패에도 꺾이지 않고 다시 일어서는 불굴의 트레이더들을 만나왔습니다.

그 가운데서도 유독 강한 울림과 배움을 남긴 이들이 있습니다. 이번 책은 바로 그 '레전드'들을 모은 기록입니다. 2024년까지 진행된 수많은 인터뷰 중

실전투자대회 수상자 9인을 만나다

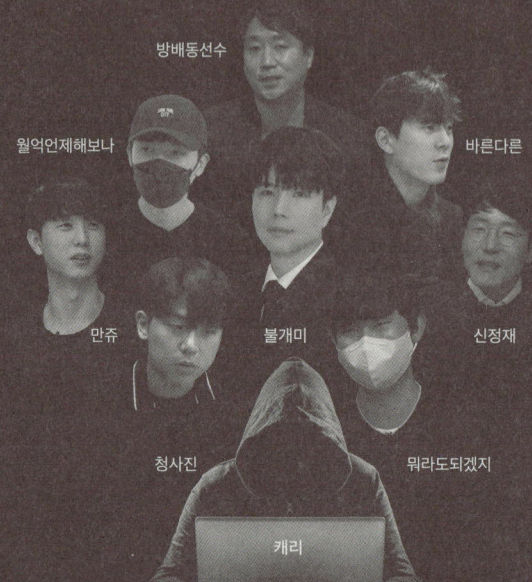

실전투자의 명가, 키움증권 영웅전

트레이딩의 전설

키움증권 채널K 엮음

일러두기

- 이 책은 2022~2023년 진행된 〈키움영웅전〉 우승자 인터뷰를 바탕으로 엮은 것입니다. 일부 내용은 당시의 시장 상황과 제도를 반영하고 있으며, 현재와 다를 수 있습니다.
- 책에 담긴 매매 기법, 사례, 수익률 등은 모두 개별 트레이더의 경험과 의견으로, 특정 종목이나 투자 방식을 권유하거나 추천하는 것이 아닙니다.
- 본 도서에 기재된 모든 내용은 투자자에게 일반적인 투자정보 제공을 목적으로 배포되는 것입니다. 따라서 개별종목에 대한 추천이 아니며 투자판단의 최종 책임은 고객 본인에게 있습니다. 어떠한 경우에도 도서에서 제공되는 내용이 고객의 투자결과에 대한 법적 책임소재의 증빙자료로 사용될 수 없습니다.
- 본 도서는 투자자의 투자를 돕기 위해 제작된 당사의 저작물이며 어떠한 경우에도 복사, 전송, 변형될 수 없습니다.
- 본 도서는 당사가 신뢰할 만하다고 판단되는 정보와 자료에 기초하여 작성된 것이나, 그 정확성이나 완전성을 보장할 수 없습니다. 본 도서에 포함된 내용은 작성일의 판단을 반영한 것이며, 추후에 그 내용 및 정확성이 변경될 수 있습니다.

트레이딩의 전설

기 법 이 아 닌 원 칙 으 로 이 기 는
올라운드 트레이더

PART 1
트레이더
불개미

올라운딩

주식시장에서
승리하는 비결은
틀렸을 때
최소한의 손실을
내는 것이다.

윌리엄 오닐
성장주 투자의 대가

- 본 도서에 기재된 모든 내용은 투자자에게 일반적인 투자정보 제공을 목적으로 배포되는 것입니다. 따라서 개별종목에 대한 추천이 아니며 투자판단의 최종 책임은 고객 본인에게 있습니다. 어떠한 경우에도 도서에서 제공되는 내용이 고객의 투자결과에 대한 법적 책임소재의 증빙자료로 사용할 수 없습니다.
- 본 도서는 투자자의 투자를 돕기 위해 제작된 당사의 저작물이며 어떠한 경우에도 복사, 전송, 변형될 수 없습니다.
- 본 도서는 당사가 신뢰할 만하다고 판단되는 정보와 자료에 기초하여 작성된 것이나, 그 정확성이나 완전성을 보장할 수 없습니다. 본 도서에 포함된 내용은 작성일의 판단을 반영한 것이며, 추후에 그 내용 및 정확성이 변경될 수 있습니다.

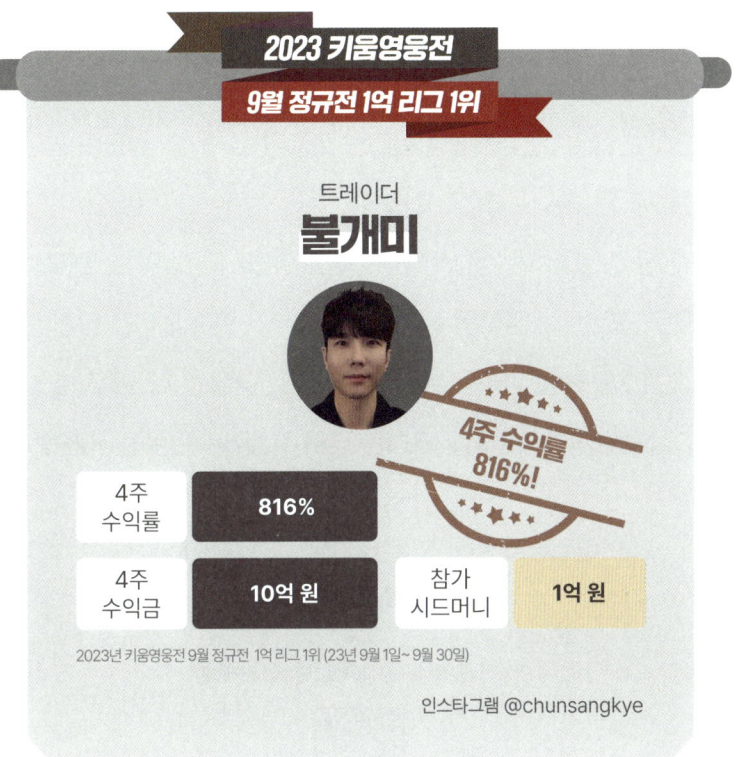

　전업투자 경력 15년 차 트레이더인 불개미 님은 4주 만에 816%라는 경이적인 수익률로 2023년 9월 정규전 1억 리그 우승을 차지한 베테랑 트레이더입니다. 7~8년, 심지어 10년 가까이 매매한 트레이더도 시장에서 사라지는 경우를 많이 봤다고 소회하는 그는, 무엇보다도 오래 살아남는 것을 목표로 삼습니다. 그에게 주식은 '인생에서 가장 소중한 것'이자, '매일 아침 가슴 뛰게 만드는 설렘'이기 때문입니다.

　그의 매매 철학은 "원칙이라는 안전장치를 만들어 놓고, 그 안에서 마음껏 뛰어논다"입니다. 그는 시장이 좋지 않을 때 무리하지 않고, 후발주 매매를 지양하며, 과도한 갭 상승 종목은 배제하는 등 '절대 하지 말아야 할 것들'을 원칙으로 삼고 목숨 걸고 지킵니다.

"꾸준하게 수익을 내는 것이 잘하는 것"이라는 기준을 가지고 있는 그는, 손절을 단순히 손실이 아닌, 계좌를 살리는 마지막 장치이자 앞으로 잃을지 모를 더 큰 돈을 지키는 행위로 여깁니다.

트레이딩은 그에게 자신을 비추는 거울과 같습니다. 하루의 매매를 돌아보며 성급함은 없었는지, 원칙은 잘 지켰는지를 스스로에게 묻고 답합니다. 단기적인 성과보다 오래 살아남는 꾸준함이, 그리고 냉철한 자기 객관화가 트레이더에게 가장 중요한 자질임을 강조하는 그의 이야기 속으로 들어가 보시죠!

영상 보러가기

영웅전 신기록 갈아치워버린 '불개미' 트레이더

최고의 승률은 원칙에서 나온다

> 원칙이라는 안전장치를 만들어 놓고,
> 그 안에서 마음껏 뛰어놉니다.

4주 만에 816%라는 경이적인 수익률을 세우셨습니다. 소감이 어떠신가요?

▶▶ 대회에 나가기 전, 저는 마음속에 두 가지 원칙을 새겼습니다.

첫째, 나 자신을 이기자. 다른 참가자들의 수익률은 아예 보지도 말고 의식조차 하지 않기로 했습니다. 남을 의식하면 매매가 흔들리거든요.

둘째, 무리하지 말자. 2023년 8월, 대회가 시작되기 전에 이미 시장은 좋은 흐름이 아닐 거라고 확신했어요. 7월 말, 주도주였던 이차전지 관련주들이 완벽한 고점 신호를 보이며 폭락했고, 투자심리와 시장 분위기가 무거워질 수밖에 없다고 판단했습니다.

그래서 전략을 이렇게 세웠죠. "이런 시장에서는 무리할 필요 없다. 하루에 1,000만 원에서 1,500만 원씩만 꾸준히 벌어도 한 달이면 250~300% 수익이 가능하다. 그 정도면 충분히 1등을 노릴 수 있다."

그렇게 1억 원을 세팅하고 매일 목표만 채우는 식으로 진행했습니다. 결과적으로 전략이 맞아떨어졌고, 목표를 훌쩍 넘겨 816%의 수익률을 기록했습니다. 즉, 1억이 한 달 만에 11억이 되어서 돌아온 거죠.

그 수익률에 신용·미수 사용도 포함인가요?

▶▶ 그렇습니다. 평소엔 미수를 즐겨 쓰지 않지만, 대회에선 거의 모든 참가자들이 신용·미수를 씁니다.

솔직히 말해 미수·신용을 쓰지 않고 대회에서 몇 백 퍼센트를 달성하는 건 사실상 불가능합니다. 상위권에 들고, 우승을 노리는 트레이더들은 레버리지를 크게 사용하는 편입니다.

하지만 실력이 되지도 않는데 무분별하게 미수를 사용하는 것은 깡통으로 가는 지름길이므로 꼭 '지양'하셔야 할 부분입니다. 저 역시 대회 출전이 아닌 이상 평소에는 미수·신용을 잘 쓰지 않습니다.

불개미 님에게 주식이란 무엇이고, 트레이딩이란 무엇인가요?

▶▶ 제 인생에서 주식은 가장 소중한 것입니다. 한마디로 표현하면 설렘이에요.

매일 아침 장이 열리기 직전, HTS를 켜고 종목들의 움직임을 바라보면 아직도 가슴이 두근거립니다. 주변 선배들이 "이제는 열정이 식을 때도 되지 않았냐"고 물어도, 저는 전혀 그렇지 않습니다. 지금도 매일이 설레죠.

트레이딩은 저에게 거울과 같습니다. 매수·매도를 어떻게 하느냐에 따라 제 성격, 성향, 전략이 고스란히 드러납니다.

하루 매매를 끝내고 돌아보면, '오늘은 성급했구나', '오늘은 내 원칙을 잘 지켰네' 하는 식으로 제 모습을 그대로 볼 수 있습니다. 결국 트레이딩은 저 자신을 비추는 또 다른 거울입니다.

시장의 본질은 무엇이라고 생각하시나요?

▶▶ 저는 시장을 이렇게 봅니다. '내가 자주 하는 실수를 줄여나가는 싸움.'

주식에는 정답이 없습니다. 그래서 저는 매매 중에 반복해서 하는 나만의 실수를 기록해 두고, 그걸 바탕으로 '절대 하지 말아야 할 것들'을 원칙으로 만듭니다. 그리고 그 원칙은 목숨 걸고 지키려 노력합니다. 하지만 시장은 늘 변하는 살아있는 생물이기에, 고정된 원칙만으로는 부족합니다. 상황에 맞춰 언제든 수정·보완할 준비를 해야 하죠.

그래서 제 매매 철학은 단순합니다.

"원칙이라는 안전장치를 만들어 놓고, 그 안에서 마음껏 뛰어논다."

원칙이 있어야 오래 살아남을 수 있고, 원칙 안에서 유연하게 움직여야 기회를 잡을 수 있습니다.

경이적인 수익률을 만든 사고방식

'절대 하지 말아야 할 매매'에는 어떤 것이 있나요?

▶▶ 제 원칙 중 대표적인 건 두 가지입니다.

- <u>과도한 갭 상승 종목 배제</u>   전날 시간외에서 +6% 이상 오른 종목이, 다음 날 시가에서 또 +6% 이상 뜨면 조심합니다. 경험상 이런 종목은 변동성이 지나치게 크고 리스크가 높습니다. 이것만 걸러도 손실 확률을 크게 줄일

- **후발주 매매 지양** 기본적으로 대장주 위주로 매매합니다. 예외는 대장주가 몇 분 만에 상한가로 직행해 매수 기회를 전혀 주지 않는 경우뿐입니다. 이런 경우는 매우 드물기 때문에 2·3·4등주를 공략할 수 있지만, 그마저도 신중하게 접근합니다. 대부분의 테마 장세에서는 대장주를 살 기회가 옵니다.

대장주만큼 좋은 게 없다고 하셨는데, 그 이유가 뭔가요?

▶▶ 저는 수익률이 29%까지 급등했더라도 가급적 대장주를 삽니다. 왜냐하면 대장주가 상한가로 마감하면, 다음 날 갭 상승이라는 '선물'을 줄 가능성이 높기 때문입니다.

반대로 2등주는 위험합니다. 대장주가 재채기만 해도 독감에 걸린 듯 크게 흔들리죠. 예를 들어 대장주가 29%에서 25%로 상승폭을 일부 반납한다면 2·3·4등주는 급락하고 맙니다. 그래서 저는 차라리 비싸게 사더라도, 대장주를 고집하는 편입니다. 그리고 이렇게 해야 비로소 대장주 매매, 주도주 매매라 할 수 있죠.

이번 대회에서 가장 많은 수익을 낸 기법은 무엇인가요?

▶▶ 단연 돌파매매254쪽 17 참고입니다. 돌파매매는 주도주가 하루 종일 우상향 흐름을 이어가는 동안, 눌림이 끝나고 고점을 다시 뚫는 순간 진입하는 방식입니다.

갈 종목은 결국 돌파가 나옵니다. 모든 종목이 직선으로 상한가까지 가는 건 아니지만, 오르다가 옆으로 기거나 눌린 후 다시 힘을 받아 고점을 돌파하는 구간이 반드시 있습니다. 저는 그 순간 '여기서 돌파하면 더 간다'는 판단이 들면 바로 들어갑니다. 이때, 종목마다 '힘이 좋다'고 느끼는 거래대금 기준은 모두 다릅니다. 어떤 종목은 30억 원만 터져도 힘이 좋고, 어떤 종목은 50억 원 이상 터져야 힘이 붙습니다. 또 어떤 종목은 10억 원만으로도 충분할 수 있습니다. 같은 시가총액 3,000억 원대 종목이라도 특성에 따라 기준이 다릅니다.

종목마다 '힘이 좋다'고 느끼는 거래대금 기준이 다르다고 하셨습니다. 구체적인 사례를 들어 설명해 주시겠습니까?

▶▶ 일례로 대회 마지막 거래일, 레인보우로보틱스를 두 차례에 걸쳐 40억~50억 원 규모로 매매했습니다. 당일 수익만 3억~4억 원이 나왔고, 대회를 성공적으로 마무리하는 데 큰 역할을 했습니다.

레인보우로보틱스는 당시 일분봉에서 100억 원 이상 2023년 9월 5일 거래대금이 터지며 신고가 영역에 진입했습니다. 이럴 때는 파는 사람보다 사는 사람이 훨씬 많다는 계산이 즉시 나옵니다. 하지만 저는 20만 원 라운드 피겨 가격을 앞두고 '못 넘을 것'이라 판단하고 정리했습니다.

보통 큰손들은 이 가격대에서 호가를 무너뜨리지 않으면서 물량을 매집하거든요. 그럼 50억~100억 원 이상 매도 물량이 걸려 있었을 겁니다. 그래서 저는 탄력이 붙어도 그 자리를 넘으면 매수세가 줄 수 있다고 보고, 실제로 그 자리에서 전량 매도해 최고점 부근에서 나왔습니다.

그리고 단기매매에서 가장 중요한 부분 중 하나가 '종목 선정'인데요. 제가 그 당시 레인보우로보틱스를 선택한 이유는 국내 시총 1위인 삼성 한국거래소 기준에서 레인보우로보틱스의 지분을 매입하는 상황이었고, 시장에서 가장 핫한 주도주였기 때문입니다. 그래서 자신 있게 베팅하여 매매할 수 있었습니다.

사람들이 말하는 종목의 '끼'란 무엇이라고 생각하시나요?

▶▶ 흔히 말하는 '끼'는 주도주·대장주라는 의미와 일맥상통합니다. 저는 여기에 한 가지를 더 봅니다. '이 종목에 실제로 힘이 들어왔느냐.'

아무리 대장주이고 신고가 영역에 있어도, 제가 판단하는 수준의 거래대금과 매수세가 들어오지 않았다면 절대 매수하지 않습니다. 외국인 매수, 기관 매수, 호재 뉴스가 있어도 마찬가지입니다. 최종적으로는 실제 수급의 힘을 보고 결정합니다.

힘이 들어왔는지 여부는 어떻게 확인하시나요?

▶▶ 당일 거래대금과 체결 흐름을 봅니다. 예를 들어 레인보우로보틱스 매매 때도, 똑같은 자리여도 일분봉에서 100억 이상 거래대금이 터지며 수급이 강하게 유입된 순간에만 진입했습니다.

반대로, 거래대금과 매수세가 기대 이하라면 아무리 기술적으로 좋아 보여도 진입하지 않습니다.

그렇다고 또 거래대금만 강하게 들어온다고 모두 매매를 한다면 계좌가 크게 다칠 수 있습니다. 항상 당일 섹터테마의 흐름도 보셔야 하고, 시장에서 이 종목이 주도주인지 분위기도 중요하며, 특히 종목의 재료가 무엇인지는 정말 중요한 요소 중 하나입니다.

쉽게 말씀드려서 분봉에서 들어오는 힘의 경우, 자동차로 치면 '연료'에 해당하고, 종목 재료의 경우엔 '엔진'에 해당합니다. 자동차가 성능 좋게 달리려면 여러 요소들이 좋아야 하듯, 단기매매에서도 어느 한 가지만으로 매매하기보다 여러 유리한 요소들이 결합되어야 수익이 날 확률이 높아지는 겁니다.

종목을 고를 때 스윙과 단타를 어떻게 구분하시나요?

▶▶ 저는 단기 스윙과 단타 트레이딩을 철저히 분리하는데요.

　스윙은 '예측'의 영역입니다. '이 종목은 결국 여기까지 갈 것이다'라는 그림을 미리 그리고, 눌림목253쪽 **2** 참고에서 싸게 잡아 목표 지점까지 기다립니다. 가격이 쌀 때 매수하는 것이 핵심이죠.

　반면에 단타는 '대응'의 영역입니다. 이미 많이 오른 주도주 중에서, 힘이 충분히 들어온 것을 확인한 뒤 비싸게 사서 더 비싸게 파는 전략입니다. 핵심은 '확인매수'입니다.

　단타의 경우에도 시장 수급이 좋을 때와 안 좋을 때에 따라서 눌림매수와 돌파매수를 상황에 맞게 하는 편입니다. 또 시가총액에 따라서 다소 가벼운 종목은 돌파매수가 많은 편이고 무거운 종목은 눌림매수를 하는 편입니다.

많은 개인 투자자들은 고점매수에 부담을 느끼는데요, 이에 대해 어떻게 생각하십니까?

▶▶ 맞습니다. '20% 넘게 오른 종목을 어떻게 사냐'는 생각을 많이 하시죠. 하지만 저는 가격보다 힘 유입 여부를 먼저 봅니다. 힘이 충분히 들어왔다고 판단된 상태에서 트레이딩 대상 종목이 오늘의 주도주 혹은 대장주라는 판단이 서면 10% 구간이든 20% 구간이든 타점을 잡고 진입합니다.

　시장 대장주라는 윤곽이 잡힐 때면 이미 상당히 올라 있는 경우가 많습니다. 하지만 확실한 재료와 수급이 더해진 종목이라면 시장에서 가장 막대한 관심을 받고 있을 가능성이 크므로, 높은 위치라고 해도 오히려 수급이 유지되는 경우가 많아 더 안전할 수 있습니다.

승부의 기술 : 손절은 행운이다

> 손절은 돈을 잃는 게 아니라,
> 앞으로 잃을 더 큰 돈을 지키는 행위입니다.

손절은 어떻게 하십니까?

▶▶ 저는 손절을 '행운'이라고 생각합니다. 손절 구간이 왔다는 건, 제가 예상한 흐름이 틀렸다는 뜻이고, 이는 곧 시장 참여자 대부분이 현재 물려 있다는 뜻과 같습니다. 이때 손절은 내 계좌를 살리는 탈출구입니다. 손실을 감수하더라도, 그 자리에서 빠져나올 수 있다는 건 엄청난 기회죠.

많은 투자자들이 손절을 어려워하는 이유는 무엇일까요?

▶▶ 사람은 누구나 손해 보고 팔기 싫어합니다. 1만 원에 산 물건을 5천 원에 팔고 싶은 사람이 없듯, 주식도 마찬가지입니다. 그런데 이런 생각을 바꾸지 않으면, 손절을 '복福'으로 받아들이기 어렵습니다. 손절은 계좌를 살리는 마지막 장치인데, 이를 차버리면 그다음은 진짜 끔찍합니다.

손절을 위한 원칙

- **손절가 사전 설정** : 진입 전 손절 시나리오가 없으면, 막상 손절시점이 와도 심리가 발목을 잡게 되므로, 종목을 매수하기 전에 반드시 손절가를 정해둠
- **손절 기준 명확화** : '이 가격이 깨지면 시장이 나와 다른 방향으로 간다'는 뜻이므로 손절 기준에 도달하면 망설임 없이 탈출
- **관점의 전환** : 손절은 돈을 잃는 게 아니라, 앞으로 잃을 더 큰 돈을 지키는 행위!

손절 안 하고 버텼다가 본전을 찾은 경험도 있으시죠?

▶▶ 있죠. 하지만 그 몇 번의 '운 좋은 경험' 때문에 원칙을 깨면 안 됩니다.

저는 종목을 매수하기 전부터 손절가를 반드시 정해둡니다. 그리고 그 가격이 오면 망설이지 않고 매도합니다. 진입 전 손절 시나리오를 세워놓지 않으면, 막상 손절시점이 와도 심리가 발목을 잡습니다.

손절을 잘하기 위해선 어떻게 해야 하나요?

▶▶ 진입 전부터 '이 가격이 깨지면 시장이 나와 다른 방향으로 간다'는 기준을 명확히 해야 하고, 그 기준에 도달하면 망설임 없이 탈출해야 합니다. 손절은 돈을 잃는 게 아니라, 앞으로 잃을 더 큰 돈을 지키는 행위임을 기억해야 합니다.

진입 전부터 손절 시나리오를 정한다는 말은 손절가가 명확하게 나오는 자리를 선호한다는 뜻과도 같습니다.

만약 스스로 생각하기에 본인이 마이너스를 싫어하는 성향이 강하다면 자동 로스컷 기능영웅문 [0624] 자동감시주문 화면을 사용해 보시는 것도 좋은 방법입니다.

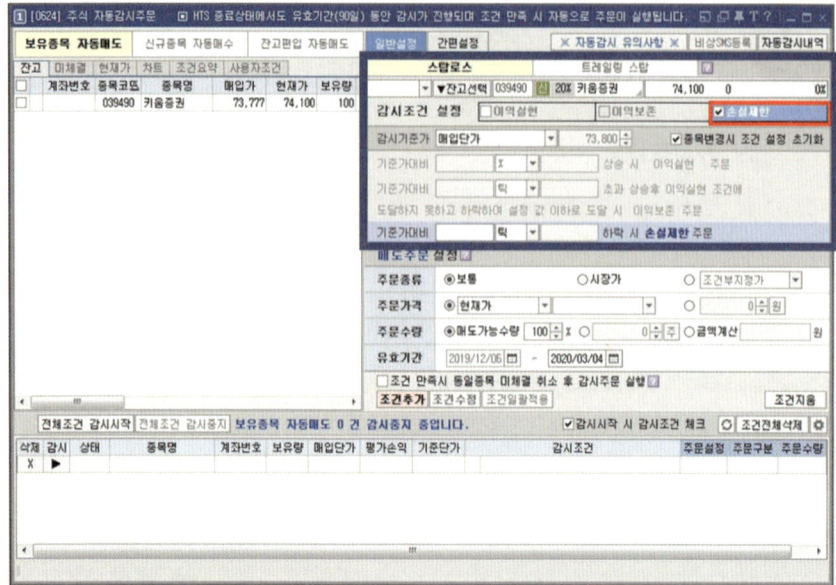

그림 1 [0624]는 자동감시주문 화면으로, 감시기준가를 현재가보다 낮은 가격으로 감시하고자 할 때 손실제한 감시조건을 설정할 수 있다. 출처: 영웅문 HTS/MTS

시장의 돈은 거짓말을 하지 않는다

시장에서 돈이 어디로 흐르는지 정말 보이시나요?

▶▶ 신처럼 앉아서 모든 걸 다 보는 건 아니지만, 모니터 앞에 앉아 있으면 흐름은 분명히 보입니다. 방법은 간단합니다. HTS에서 거래대금 상위 종목을 코스피·코스닥으로 나눠서 확인합니다. 거래대금 순서대로 나열하면, 지금 돈이 어디로 몰리는지가 윤곽이 나와요. 이건 저만 아는 비법이 아니라, HTS 기능만 잘 쓰면 누구나 할 수 있습니다.

돈의 흐름을 판단하는 구체적인 기준은 무엇인가요?

▶▶ 저는 두 가지 기준을 씁니다.

- 일분봉 거래대금이 몰리는 종목 특정 테마 내에서 일분봉 거래대금이 폭발하는 종목이 있는지 확인합니다. 예를 들어 로봇 테마 안에서 갑자기 거래대금이 크게 터지는 종목이 나오면, '오늘은 이 테마에 돈이 강하게 들어오고 있구나'라고 판단합니다.
- 동일 테마 내 3개 종목 이상 동반 상승 여부 동일 테마에서 세 종목 이상이 동시에 강하게 움직이는지 봅니다. 만약, 아침에 이차전지 섹터에서 세 종목 이상이 동반 급등하면, '오늘은 이쪽이 주도 섹터다'라고 봅니다. 두 종목은 우연일 수 있지만, 세 종목 이상이면 돈이 몰릴 확률이 매우 높습니다.

개별주와 테마를 어떻게 연결해서 보시나요?

▶▶ 개별 종목에서 힘이 들어오면 해당 테마 전체를 살피고, 테마에서 돈이 몰리면 그 안에서 대장주를 찾아 들어갑니다. 중요한 건, 돈이 몰리는 구간에서는 시세가 순식간에 폭발하기 때문에, 미리 기준과 절차를 준비하지 않으면 타이밍을 놓친다는 사실입니다.

그래서 특히 최근 핫 했던 섹터는 매일 미리 관심종목에 넣어두고, 또 새롭게 시장에 먹힐만한 좋은 재료가 나온 테마 관련 뉴스들도 매일 체크해야 합니다. 이는 테마주 매매에서 필수조건입니다.

가장 선호하는 매수 타이밍이나 차트 패턴은 어떤 건가요?

▶▶ 저는 장 극초반에는 잘 들어가지 않습니다. 그 시간대는 돈이 어디로 흐르는지 확실히 판단하기 어렵기 때문이죠. 아침엔 A라는 테마가 치고 나갔다가, 10분 뒤에는 B라는 테마로 갈아타는 경우가 많습니다. 그래서 장 시작 직후에는 계속 탐색하며 오늘 돈이 몰리는 주도 섹터를 확인합니다.

그리고 주도 섹터가 확실히 잡히면 그 안에서 대장주 위주로 보다가, 일봉 자리가 괜찮은 종목만 추려서 매매하죠. 일봉 자리가 괜찮다는 건 '깨끗한 자리'를 의미합니다. 즉, 대부분 참여자들이 수익권에 있어 심리가 좋은 상태, 누구도 팔고 싶어 하지 않는 구간입니다. 대표적으로 신고가 구간이 이에 해당합니다. 전고점254쪽 **11** 참고을 돌파해 위에 매물부담이 없고, 새로운 가격대에 대한 기대감이 큽니다.

신고가 말고도 선호하는 자리가 있나요?

▶▶ 있습니다.

- <u>바닥권 첫 양봉</u> 최근 2~3개월 동안 계속 눌린 상태에서, 일봉상 완전 바닥권에서 처음 양봉이 나오는 자리입니다. '지금이 바닥이구나, 쌀 때 사야지'라는 심리가 강하게 작용합니다.
- <u>신고가 도전 자리</u> 아직 신고가는 아니지만, 바로 앞 매물대가 얇아 돌파 가능성이 높은 구간으로, 차트상 매물 저항이 거의 없는 패턴입니다.

분봉 자리와 일봉 자리 중 어느 쪽을 더 중요하게 생각하시나요?

▶▶ 무조건 일봉 자리입니다. 분봉이 아무리 예쁘고 힘이 세 보여도, 일봉 자리

가 안 좋으면 매매하지 않습니다.

반대로, 일봉이 좋고 분봉 자리까지 받쳐주면 그게 확실한 자리입니다. 저는 그런 자리만 기다립니다.

여기다가 좋은 '재료'까지 있어야 더 높은 확률이 완성되겠죠. 항상 명심하세요. 기술적인 요소만 가지고 매매를 한다면 '벌고 잃고를 반복'할 확률이 높아진다는 것을요!

확실한 자리를 늘리는 방법이 있을까요?

▶▶ 가장 좋은 방법은 과거 차트를 많이 돌려보는 것입니다. 저는 키움증권 HTS의 검색식 기능을 적극 활용합니다. 이 기능이 잘 되어 있어서, 과거 특정 시점의 주도주를 쉽게 찾을 수 있습니다.

예를 들어 2년 전 주도주였던 종목을 검색해, 그날의 일봉 자리, 분봉 흐름, 재료를 전부 복기합니다. 그때 일봉 자리는 깨끗했는지, 분봉에서 힘이 어떻게 들어왔는지, 어떤 뉴스나 재료가 있었는지, 이렇게 하나하나 분석합니다.

이런 복기가 실제 매매에 도움이 되나요?

▶▶ 엄청나게 도움이 됩니다. 간접 경험을 많이 쌓을수록, 앞으로 돈을 주고 경험해야 할 부분이 줄어듭니다. 어떤 일봉이 대체적으로 유리한지, 분봉상 어느 정도의 힘이 들어와야 잘 가는지, 이러한 공부를 계속해야 실전에서의 시행착오를 조금이라도 줄일 수 있습니다.

심플함의 미학, 최소한의 지표와 HTS 세팅

매매할 때 보조지표는 어떤 걸 보시나요?

▶▶ 저는 보조지표를 거의 쓰지 않습니다. 아마 유독 안 쓰는 트레이더 중 한 명일 겁니다. 주식 초기에는 엔벨로프, 볼린저밴드, RSI, MACD 같은 지표 등등 안 써본 게 없지만, 지금은 전부 껐습니다. 제가 오로지 보는 건 거래량과 거래대금뿐입니다.

이동평균선은 어떻게 쓰시나요?

▶▶ 분봉에서는 아예 없앱니다. 일봉에서만 20일선과 240일선(1년선) 두 가지만 굵게 표시해 참고합니다.

- 20일선 단기 추세와 정배열·역배열 여부 확인용입니다.
- 240일선 장기 매물대를 파악하기 위함입니다.

예를 들어 240일선 아래에 캔들이 있다면 1년간 매수한 사람 대부분이 마이너스 상태라는 뜻입니다. 이 경우 위로 올라올 때 매물 압박이 심하므로, 상승이 매끄럽지 않을 가능성이 높습니다.

다른 분들은 보조지표로 수익을 내기도 하는데요.

▶▶ 맞습니다. 제 방식이 아닐 뿐, 보조지표를 활용해 수익을 내는 분들도 많습니다. 저는 제 매매 스타일상 심플한 화면과 최소한의 지표가 더 잘 맞아서 이렇게 운영하고 있습니다.

HTS 세팅은 어떻게 하시나요?

▶▶ 저는 화면 구성을 최대한 심플하게 가져갑니다. 43인치 모니터 1대에 다음만 띄웁니다.

- 일봉 차트
- 일분봉 차트
- [4989] 화면
- 시황창
- 관심종목

이외에 불필요한 보조지표나 복잡한 화면은 사용하지 않습니다. 제가 매매하는 데 필요한 핵심 정보만 한눈에 들어오도록 구성합니다.

보통 전업 트레이더라면 모니터를 여러 대 쓰지 않나요?

▶▶ 효율 측면에선 그렇습니다. 모니터가 많으면 뉴스창, 지수창, 섹터별 관심종목을 크게 볼 수 있죠. 하지만 모니터가 많아지면 관심종목도 많아지고, 그만큼 안 해도 되는 매매를 할 가능성이 커집니다. 저는 당일 주도주만 집중하는 스타일이라 모니터 1대가 오히려 잘 맞습니다.

[4989] 종합주문 창을 쓰는 이유는 무엇인가요?

▶▶ 저는 분할매수를 자주 하고, 초단타 스캘핑은 주력이 아닙니다. [8282] 호가주문 창은 클릭 한 번에 매수가 들어가서 뇌동매매254쪽 14 참고 위험이 높습니다. 굳이 쓸 필요가 없죠. [4989]만으로도 충분히 빠르고, 제 매매 템포에 맞습니다.

트레이더의 생존학

> 겸손이야말로
> 시장에서 오래 살아남는 방법입니다.

유튜브 활동을 하셨었죠? 최근에는 좀 쉬시기도 했고요.

▶▶ 네, 시작은 정말 순수한 재미였습니다. 전업으로 오래 매매를 하다 보면 혼자 있는 시간이 많아 고독하고 무료할 때가 있거든요. 그러던 중 지인들에게 매매 타점을 보여줬는데, "매매가 정말 멋지다. 파동을 끝까지 가져가면서 수익을 다 먹네"라는 말을 많이 들었습니다.

그때 문득 생각했죠. "내가 하는 매매를 영상으로 찍어 다른 사람들에게 보여주면 재미있겠다."

바로 쿠팡에서 1만 원짜리 마이크를 하나 사서, 그날부터 매매 영상을 올리기 시작했습니다. 그런데 예상외로 반응이 폭발적이었어요. 영상 하나 올리면 댓글이 400~500개씩 달렸습니다.

그런데 지금은 활동을 쉬고 계십니다. 이유가 있나요?

▶▶ 처음엔 '나를 위한 매매'였는데, 1년 정도 지나면서 '구독자에게 보여주기 위한 매매'로 바뀌는 저 자신을 발견했습니다. 제게는 정말 위험한 순간들이었죠.

예를 들어 하루에 1,900만 원 수익이 났다면, 원래는 종목이 없으면 그냥 멈췄을 겁니다. 그런데 '그래도 오늘 2,000만 원은 채워야지'라는 생각이 들면서 억지로 매매를 만들고, 그날 바로 -2,000만 원으로 뒤집힌 적이 있었습니다. 이런 일이 한두 번이 아니었죠.

유튜브 활동이 매매 방식에도 영향을 줬나요?

▶▶ 네, 카메라 앞에 서면 자연스럽게 더 화려하고 과감한 매매를 하게 됩니다. '이거 보여주면 멋있겠다'는 심리가 생기는 거죠. 하지만 시장은 제 자존심이나 구독자 반응에 맞춰주지 않습니다. 그게 누적되면, 본래 원칙에서 벗어난 매매가 늘어나고 리스크가 커집니다.

오래 살아남는 투자자가 되기 위하여 기억해야 할 것들

전업 트레이더로서, 이 직업을 어떻게 보시나요?

▶▶ 제가 15년 동안 전업으로 해본 결과, 트레이더만큼 매력적인 직업은 드물다고 생각합니다. 시간이 자유롭고, 사람 관계에서 오는 스트레스가 적습니다. 매일매일 매매에서 오는 도파민 덕분에 지루할 틈이 없고, 잘만 하면 돈도 많이 벌 수 있습니다. 목표와 꿈을 직접 설계해 이룰 수 있는 가능성도 큽니다.

하지만 이는 잘했을 때 이야기이고요. 못하면 반대로 인생이 무너질 수 있는 최악의 직업이 되기도 합니다. 심하면 목숨까지 위태로울 수 있습니다. 그래서 '잘한다'의 기준을 명확히 해야 합니다.

불개미 님이 생각하는 '잘한다'의 기준은 무엇인가요?

▶▶ 돈을 많이 버는 것이 아닙니다. 사람마다 '많이 번다'의 기준은 다르고, 욕심은 끝이 없으니까요.

저는 꾸준하게 수익을 내는 것을 '투자를 잘한다'라고 생각합니다. 월 단위로 봤을 때 큰 손실이 없고, 심리적으로 안정된 상태에서 매매하는 게 중요합니다.

꾸준한 수익을 위해 필요한 것은 무엇인가요?

▶▶ 욕심과 탐욕을 버리는 것입니다. 월별 손실이 크게 난 달을 보면, 원인은 대부분 욕심이나 탐욕이에요. 그래서 자신의 성격과 성향을 잘 파악하고, 거기에 맞게 주식을 해야 합니다. 또, 과거 차트를 밤새 돌려보며 본인의 심리를 다스리고 분석하는 시간을 충분히 가져야 합니다.

시장에서 오래 살아남기 위해서는 무엇이 필요하다고 생각하십니까?

▶▶ 무엇보다도 겸손이 필요합니다. 저는 그런 사례를 많이 봐왔기 때문에 시장 앞에서는 늘 겸손하려고 노력합니다.

그리고 주식에서 가장 중요한 건 경험입니다. 과거 차트를 돌려보며 복기하는 것만큼 값진 공부는 없습니다. 과거 차트 복기를 통해 간접 경험을 최대한 많이 쌓아야 합니다. 책을 읽는 이유가 지혜를 얻고 간접 경험을 하기 위함이듯, 과거 주도주의 일봉·분봉·재료를 복기하며 시장의 패턴과 무서움을 깨달고, 좋은 시장이 왔을 때를 대비해야 합니다.

저는 안정적인 수익이 나오기까지 6년이 걸렸습니다. 단기간에 성과를 낸 분들도 있지만, 그건 예외에 가깝죠. 기대보다 성과가 나지 않더라도, 혹은 성과가 빠르게 나타나는 것 같더라도, 어느 쪽이든 복기를 잊지 않고 항상 겸손한 자세로 경험을 쌓아 나가는 것이 중요하다고 생각합니다.

트레이딩 인생에서 가장 힘들었던 순간과 가장 기뻤던 순간은 언제인가요?

▶▶ 가장 힘들었던 순간은 단연 빚 때문이었습니다. 주식시장에 발을 들인 순간, 대출이나 빚에서 자유로운 사람은 거의 없습니다. 물론 처음부터 계속 잘되는 경우도 있긴 하지만, 그건 정말 드문 경우죠. 저 역시 빚이 있었고, 그 빚을 갚아 나가는 과정이 가장 고통스러웠습니다.

가장 기뻤던 순간은 그 빚을 모두 청산했을 때였습니다. 그 순간만큼은 정말 해방감이 컸고, '이제 진짜 다시 시작할 수 있겠다'는 생각이 들었습니다.

트레이딩을 꿈꾸는 사람들에게 조언을 해주신다면요?

▶▶ 많은 분들이 저보고 "타고난 단타꾼 아니냐"고 하시지만, 전혀 그렇지 않습니다. 절대 타고난 게 아니라 노력으로 만든 결과입니다.

시장은 늘 변합니다. 상승·하락·횡보가 매번 다른 강도로 나타나죠. 몇 년 안 해본 사람이라면 앞으로 경험해보지 못한 시장이 아직 무궁무진합니다. 지금 수익이 잘 난다고 해서 앞으로도 계속 잘 될 거란 보장은 없습니다. 실제로 7~8년, 심지어 10년 이상 주식을 매매한 트레이더도 시장에서 사라지는 경우를 많이 봤습니다.

그래서 주식 인생에서의 트레이딩을 좀 더 긴 플랜으로 접근하시고 장기적으로 '어떻게 하면 살아남을지'에 대한 고민을 계속해 나가셔야 합니다. 많이 벌고 많이 잃는 쳇바퀴 속에 갇혀 심리와 계좌의 흔들림이 많은 것보다는 좀 적게 벌더라도 꾸준히 탄탄하게 가야 함을 잊으시면 안 됩니다. 결국 살아남는 자가 이기는 게임이니까요!

수익률 대회를 보고 따라 하고 싶은 사람들에게 하고 싶은 말이 있다면요?

▶▶ 퍼센티지만 보고 따라 하면 자기 매매 페이스를 잃고 오버페이스하게 됩니다. 이건 정말 위험합니다. 월별로 1~2년 이상 꾸준히 수익을 내기 전까지는, '다 된 것 같은데'라는 생각을 수백 번, 수천 번 반복하게 될 겁니다.

주식은 움직이는 생물이라 비슷한 거 같아도 매번 다른 형태와 상황으로 다가옵니다. 또 시장 상황에 따라서 같은 종목임에도 매번 천차만별로 움직일 때가 많습니다.

우리는 높은 확률의 구간만 찾을 뿐, 주식에서 100%란 없기 때문에 늘 내가 예상한 대로 움직이리라 생각하기보다는 그 반대로 움직일 때의 리스크 관리 즉, '유연한 대처'가 필요합니다. 손절을 한다든지 혹은 비중을 줄이는 식의 대응을 해야 합니다.

천천히 본인만의 길을 묵묵히 가신다면 언젠가는 저보다 뛰어난 트레이더가 되지 말라는 법은 없겠죠.

냉정하게 말하면, 몇 년을 해도 안 되는 사람들도 있다고 하셨는데요.

▶▶ 맞습니다. 그건 성향이 맞지 않기 때문입니다. 6~7년, 심지어 10년 가까이 해도 안 되는 분들이 있습니다. 그런 경우라면 빠른 결단이 오히려 용기 있는 선택일 수 있어요. 주변 사람들에게 피해를 주면서까지 억지로 버티는 건 미련

입니다.

그래도 주식이 아니면 안 되겠다는 생각이 든다면, 반드시 다른 일을 병행하면서 하길 권합니다. 최소한 생활이 유지돼야 시장에서도 버틸 수 있습니다.

주식에서 가장 중요한 부분 중 하나가 바로 '인내심'인데요. 매달 생활비를 벌어야 한다는 심리적 압박감이 큰 상황이거나 혹은 빚이 많은 상황에서 주식을 할 경우 인내심은커녕 급한 마음에 뇌동매매가 많아져 백전백패가 될 것입니다.

온전한 마음으로 주식을 해도 성공하기가 쉽지 않은데, 급한 마음을 가지기 쉬운 상황에 놓이신 분들은 다시 말씀드리지만 오후만이라도 다른 일을 병행하면서 하셔야 합니다.

도저히 안 되는 사람들의 공통점은 무엇인가요?

▶▶ 가장 큰 특징은 악습을 고치지 못한다는 겁니다. 5년, 6년을 해도 고질적인 나쁜 습관이 전혀 나아지지 않는 분들이 있습니다. 머릿속으로는 '이건 하면 안 돼'라고 알고 있지만, 막상 장이 열리면 또 똑같이 반복합니다.

그러다 보면, 결국 돈의 가치를 잊게 돼 버려요. 밖에서 1만 원 벌기가 얼마나 힘든지 생각하지 않고, 시장에서 돈을 너무 쉽게 날려버립니다. 그 피해는 결국 가족이나 주변 사람들에게 돌아갑니다. 이런 모습을 볼 때 가장 안타깝습니다.

제가 서두에 "주식은 본인을 비추는 거울"이라고 말씀드렸듯이, 본인의 성격부터가 고집과 아집에 사로잡혀 유연한 생각을 잘 못하는 성향은 아닌지 점검하셔야 합니다.

저 역시도 주식을 하기 전에는 '똥고집'이라는 별명이 있을 정도로 유연하지 못한 성격이었습니다. 주식의 심법心法을 공부하면서부터 독한 마음으로 나 자신을 바꿔나갔습니다.

그럼 이런 분들은 어떻게 해야 할까요?

▶▶ 본인의 상황에 따라 1년이든 2년이든 3년이든 다년간의 목표를 정해놓고 몇 년이 지나도 계좌가 나아지지 않거나 나쁜 습관이 여전히 고쳐지지 않고 있다면 과감하게 주식을 그만두는 용기도 필요한 거 같습니다. 시드머니도 시드머니지만, 본인 인생에서 '시간'이라는 되돌릴 수 없는 가장 중요한 가치를 언제까지 잃을 수는 없으니까요.

차라리 본인이 더 잘할 수 있는 다른 분야에 투자하는 것이 훨씬 빠르게 성과를 낼 수 있는 길일 겁니다.

불개미 님을 응원하는 팬들에게 한마디 부탁드립니다.

▶▶ 독자분들에게 꼭 드리고 싶은 말이 있습니다. 인간의 본성은 욕심이 많기 때문에 누구나 조급하게 돈을 벌고 싶어 하는 욕구와 심리가 강합니다. 저 역시 주식시장에 처음 들어왔을 때 그랬었고요. 조급함의 대가는 너무나도 참혹했습니다. 제가 경험을 해 보았기에 독자분들에게 말씀드릴 수 있는 겁니다.

아직도 조급한 마음으로 투자를 하고 계신다면, 앞으로도 많은 상처와 많은 시간을 들여 길게 돌아갈 수밖에 없습니다. 수익에 대한 조급함은 불확실한 이 시장을 헤쳐나가는 데 너무나 많은 리스크를 동반합니다.

그래서 이 말씀을 다시 한번 당부드립니다.

'꼭 본인이 감당할 수 있는 소액으로 연습 매매'부터 해보시길 추천드립니다.

조금씩이라도 수익이 난다면 그때 비중을 천천히 올리셔도 늦지 않으니 본인만의 착각 속에서 피 같은 내 소중한 자산을 허무하게 잃지 마시라는 말씀을 드리고 싶습니다.

　마지막으로 예시를 들어 강조하고 싶은 심법이 있습니다. 주식은 운동으로 치면 '마라톤'에 비유할 수 있습니다.

　우리가 마라톤 선수가 되었다고 가정해 보겠습니다. 약 42km의 긴 거리를 완주함에 있어 오버페이스를 하지 않고 자신의 에너지를 고루 써가며 한결같은 페이스를 유지해야 완주가 가능하고 좋은 기록도 나옵니다.

　마라톤 선수가 잘 달리다가 한 번 넘어지면 어떻게 될까요?

　페이스가 흐트러짐은 당연하고 그 흐트러진 상태로는 절대 좋은 기록이 나올 수 없습니다. 심지어 완주를 하는 것조차 버거워집니다.

　좋은 컨디션으로 뛴다 해도 마라톤 완주는 쉬운 일이 아닙니다. 좋은 기록이 나오려면 중간에 넘어져서도 안 되고 휘청거려서도 안됩니다.

　트레이딩의 세계관도 마라톤과 똑같습니다. 본인이 가지고 있는 주식계좌의 기초체력 안배를 최대한 잘해서 꾸준하게 가는 것이 중요합니다. 많이 벌고 많이 잃는 건 페이스가 흐트러진 상태로 넘어지면서 뛰는 것과 같습니다.

　적게 벌더라도 큰 흔들림 없이 천천히 나의 페이스를 유지하는 것이 굉장히 중요합니다. 그래야 장기 레이스를 하는 데에 있어 훨씬 더 유리할 테니까요.

불개미 트레이더의 **투자 원칙**

1. **시장에 겸손하고, 자신과의 싸움을 이겨내라.** 트레이딩은 나 자신을 비추는 거울이며, 실수를 줄여나가는 싸움이다.

2. **'깨끗한 자리'에서 매수하라.** 일봉상 매물대 부담이 없고, 심리가 좋은 신고가 구간이나 바닥권 첫 양봉이 나오는 자리를 노려라. 분봉이 아무리 좋아 보여도 일봉 자리가 좋지 않으면 매매하지 않는다.

3. **손절은 '행운'이라는 것을 명심하라.** 손절은 돈을 잃는 행위가 아니라, 앞으로 잃을지 모를 더 큰 돈을 지키는 행위이다.

4. **'절대 하지 말아야 할 매매'를 원칙으로 삼아라.** 과도한 갭 상승 종목과 후발주 매매를 지양하라. 이 원칙만 지켜도 손실 확률을 크게 줄일 수 있다.

5. **당일 가장 강력한 섹터(테마)가 어디인지 파악하는 데 주력하라.** 항상 거래대금이 많이 터지는 주도주와 대장주 위주로 매매해야 손실은 줄어들고, 수익은 커진다.

6. **매일 장 시작 전 새로운 뉴스와 재료를 꼭 체크하라.** 기술적 기법만으로 매매하는 것은 분명 한계가 있다. 기술적인 요소와 좋은 재료가 만났을 때 수익 낼 확률이 올라간다.

7. **본인이 정한 원칙은 꼭 지켜라.** 원칙을 지키지 않으면 수익이 났더라도 결국에는 큰 손실을 볼 가능성이 높다. 원칙을 지키는 것은 트레이딩에 있어 목숨과도 같다.

한 달 만에 1억을 3억으로 만든

준비된 전략가

PART 2

트레이더
신정재

종가
매매
①

> 승리는 준비된 자에게
> 찾아오며, 사람들은
> 이것을 행운이라 부른다.
> 패배는 준비되지 않은
> 자에게 찾아오지만,
> 사람들은 이것을
> 불운이라 부른다.
>
> 로알 아문센
> 노르웨이 극지 탐험가

- 본 도서에 기재된 모든 내용은 투자자에게 일반적인 투자정보 제공을 목적으로 배포되는 것입니다. 따라서 개별종목에 대한 추천이 아니며 투자판단의 최종 책임은 고객 본인에게 있습니다. 어떠한 경우에도 도서에서 제공되는 내용이 고객의 투자결과에 대한 법적 책임소재의 증빙자료로 사용할 수 없습니다.
- 본 도서는 투자자의 투자를 돕기 위해 제작된 당사의 저작물이며 어떠한 경우에도 복사, 전송, 변형될 수 없습니다.
- 본 도서는 당사가 신뢰할 만하다고 판단되는 정보와 자료에 기초하여 작성된 것이나, 그 정확성이나 완전성을 보장할 수 없습니다. 본 도서에 포함된 내용은 작성일의 판단을 반영한 것이며, 추후에 그 내용 및 정확성이 변경될 수 있습니다.

투자는 단순히 돈을 버는 기술을 넘어, 자신의 한계를 인식하고 꾸준히 발전해 나가는 과정입니다. 이번 편에서는 주식시장에서 직접 몸소 겪은 경험을 토대로, 체계적인 투자 전략과 철저한 리스크 관리로 놀라운 성과를 거둔 트레이더 신정재 님의 노하우를 소개합니다.

  신정재 님은 2021년도 키움증권 실전투자대회 '영웅전 1억 리그'에서 1위를 차지하며 단 한 달 만에 369%의 수익률을 기록했고, 초기 1억 원의 시드머니로 3억 7,500만 원의 수익을 달성하였습니다. 또한, 회전율 50,000%에 달하는 총 494억 원의 거래를 통해 시장의 흐름을 예리하게 읽어내는 능력을 입증했습니다.

그가 전하는 노하우는 단순히 단기 수익 창출에 그치지 않습니다. 신정재 님은 초기의 두려움을 극복하고, 매 거래 후 철저한 복기를 통해 자신만의 투자 철학을 확립해 왔습니다.

이번 편은 신정재 님이 주식시장에 첫발을 내디딘 순간부터, 작은 성공과 철저한 자기 관리를 통해 투자 철학을 정립해 온 과정을 소개합니다. 단기매매에서 중요한 감정 통제, 체계적인 복기, 그리고 실전에서 바로 활용할 수 있는 구체적인 전략들을 만나게 될 것입니다.

신정재 님의 경험은 투자라는 긴 여정에서 필수적인 자기 발전과 성실한 준비의 중요성을 일깨워 줍니다. 이번 편이 여러분 각자가 보다 효과적인 투자 전략을 세우고, 안정적인 수익 창출에 한 걸음 더 다가가는 데 도움이 되길 기대합니다.

── **영상 보러가기** ──

한 달만에 1억으로 3억을…
진입의 결정적 순간

키움영웅전 우승자 특강 #1
종가매매편

키움영웅전 우승자 특강 #2
종가매매편

키움영웅전 우승자 특강 #3
종가매매편

소액 투자로 시작해
1억 리그 우승까지

제 원칙을 어기거나 실수로 큰 손실이 났을 때는
철저히 복기하며 그 경험을 되새깁니다.

뒤늦게 주식시장에 뛰어들었다고 들었습니다. 투자를 시작하게 된 계기가 궁금합니다.

▶▶ 2018년 가을 무렵부터 공부를 시작해 매매했습니다. 사실 주식을 접한 시기가 상당히 늦었어요. 당시 주변에서 많은 사람들이 주식을 하고 있었음에도 불구하고, 왠지 주식을 하면 패가망신할 것 같은 두려움이 있었습니다.

그저 안정적으로 예·적금을 넣으며 살고 있었는데, 어느 순간 보니 다들 주식투자를 하고 있더군요. 그러다 대북주와 바이오주가 번갈아 급등하는 것을 보면서 '주식이란 이렇게 하는 거구나'라는 생각을 하게 됐고, 늦게나마 투자를 시작하게 되었습니다.

본격적으로 수익이 난 건 언제부터였나요?

▶▶ 저도 동학개미라고 할 수 있습니다. 본격적으로 큰 수익이 나기 시작한 것은 2021년 1월부터였어요. 그전에도 수익이 났었지만 그리 큰 금액은 아니었습니다.

물론, 운이 좋았다는 생각을 늘 하고 있고, 그런 생각 때문에 항상 리스크 관리를 최우선으로 생각합니다. 선배 투자자들로부터 그런 부분에 관한 조언을 많이 들었습니다.

제 단점이자 장점이 될 수 있는 부분인데, 시장이 좋다고 해서 급격하게 큰 수익을 내지도 않고, 반대로 시장이 안 좋다고 해서 큰 손실을 보지도 않습니다. 꾸준하게 평균적인 수익률을 유지하는 편이라, 어떤 분들은 제 계좌를 '재미없다'고 표현하기도 합니다. 하지만 오히려 많은 선배 투자자들은 이런 점을 장점으로 평가해 주셨습니다.

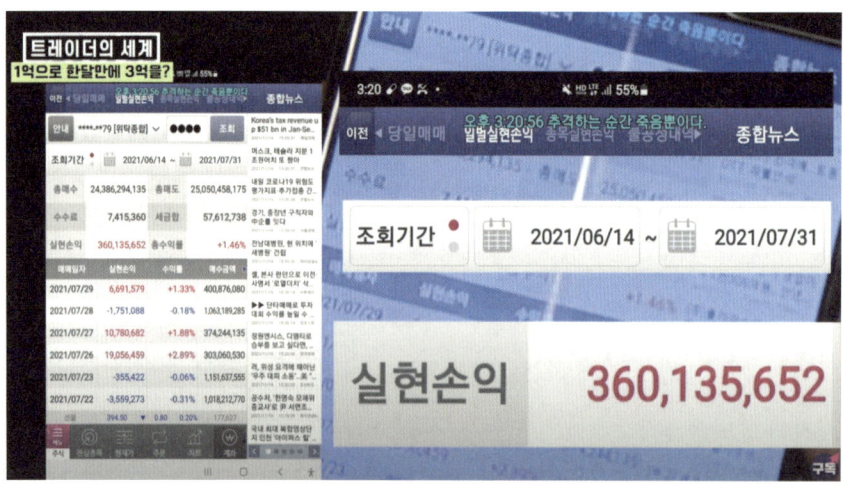

그림 2 당시 신정재 트레이더가 46일 만에 달성한 수익은 약 3억 6천만 원에 달한다.
출처 : 채널K '키움증권 실전투자대회 우승자 인터뷰' 캡처

투자원금 1억 원을 만들기까지 얼마나 걸리셨나요?

▶▶ 처음에는 100만 원부터 시작했고, 그다음 200만 원, 400만 원, 500만 원으로 시드머니를 늘려갔습니다. 수익이 발생하면 일부를 출금하는 습관도 들였습니다. 기질적으로 겁이 많은 편이고, 직장 생활과 병행했기 때문에 리스크를 최소화하는 것을 중요하게 생각했거든요. 그러다 500만 원 시드부터 본격적으로 투자에 집중했고, 약 5~6개월 만에 1억 원을 달성할 수 있었습니다.

5~6개월이면 긴 기간이 아닌데, 500만 원이 1억이 되기까지의 매매 원칙은 무엇이었나요?

▶▶ 아무래도 단기매매를 하다 보니 당일 시장에서 거래가 많이 터지는 종목들 위주로 매매했습니다. 보통은 전날 밤에 테마나 섹터 내 종목들의 흐름을 분석하고, 나름의 시나리오를 세워둡니다. 밤에 뉴스들을 종합적으로 살펴보면서 정리해놓고, 다음 날 제가 예상한 시나리오대로 시장이 흘러간다면 그 안에서 매매를 합니다. 예상과 다르게 흘러가거나 새로운 종목이 부각될 경우에는 보수적인 관점에서 접근해 투자 여부를 결정합니다.

Key Point

시드머니 100만 원에서 1억 원까지, 핵심은?

- ✓ 초기엔 시드를 늘리는 데 집중! (100만 원에서 200만 원, 400만 원, 500만 원으로!)
- ✓ 수익이 나면 일부 출금하여 심리적 안정을 찾기!
- ✓ 직장 병행 투자자의 태도 "하루 수익 몇만 원도 소중히!"
- ✓ '짧은 시간 고수익'은 전략 + 멘탈 + 타이밍의 합작!

자신만의 매매 루틴이 있다면 소개해 주시겠어요?

▶▶ 종가매매를 많이 하고요, 종가에 매수한 종목은 다음 날 오전 장 초반에 정리하는 편입니다. 특이하게 들릴 수도 있지만, 다음 날 시초가 갭 상승으로 만족할 만한 수익이 크게 발생하면 오전에 추가적인 단기매매를 자제합니다. 일종의 '먹튀' 개념으로, 수익이 확정되면 더 큰 욕심을 부리지 않고 그날 매매를 마무리하는 습관을 들였습니다. 물론 좋은 기회가 보이면 매매를 하기도 하지만, 비중을 작게 해서 무리하지 않으려고 합니다.

그 이유는 아침에 시작하자마자 이미 수익을 냈는데, 욕심내서 단타를 치다 손실을 보면 심리적으로 영향을 많이 받기 때문입니다. 예를 들어 오전에 1,000만 원의 수익을 냈다가 단타로 200~300만 원의 손실을 보면, 1,000만 원 수익에서 700~800만 원으로 줄었다고 인식해 기분이 상하게 됩니다. 그러다가 손실이 더 커지면 하루 종일 컴퓨터 앞에 앉아 매매하게 되고, 결국 수익을 모두 잃게 되는 경우가 많았습니다. 그래서 이런 습관을 통해 불필요한 손실을 막으려고 노력합니다.

꾸준한 수익의 비결, 복기

주식투자대회에서 두 번이나 상위권에 오르셨습니다. 대회와 평상시의 매매 방식에 차이가 있는지, 꾸준한 수익의 비결은 무엇인지 궁금합니다.

▶▶ 대회와 평상시의 매매는 확실히 다릅니다. 대회에서는 승부수를 던져야 하는 순간이 있습니다. 어느 정도 리스크가 있는 상황에서 베팅하는 경우도 있기 때문에, 드라마틱한 수익률을 위해 모험을 감수하기도 합니다.

반면, 평소에는 조금 더 여유롭게 매매하며 안정적인 수익을 추구하는 편입니다. 물론 수익은 나지만, 대회 때처럼 극적인 수익률을 내기는 어렵습니다.

제가 이렇게 담담하게 말씀드리는 것은 돈의 가치를 모르기 때문이 아닙니다. 처음 100만~200만 원으로 투자해서 하루 만에 300만 원을 벌었을 때의 기쁨은 아직도 생생합니다. 하지만 투자금이 커지고 경험이 쌓이면서 "일희일비하지 말라"는 선배 투자자들의 조언을 마음에 새기게 되었습니다. 수익이 많이 날 때는 기분이 좋고, 손실이 나면 우중충해지고 짜증을 내는 것이 사람 심리인데, 이런 감정 기복을 최대한 억제하고 평정심을 유지하는 것이 중요하다는 걸 실감하기도 했습니다.

그래서 수익이 얼마나 났는지도 자세히 보지 않는 편입니다. 그 대신, 손실이 발생했을 때는 철저하게 자신을 돌아보고, 복기復棋에 집중합니다. 특히 원칙을 어기거나 실수로 인해 손실이 발생했다면, 그 경험을 되새기려고 합니다.

우승자들이 말하는 복기란 무엇일까요?

▶▶ 복기 방법은 사람마다 다르겠지만, 저만의 원칙은 이렇습니다.

첫째, 당일 시장을 분석합니다. 코스피, 코스닥 지수 흐름을 파악하고, 외국인 및 기관의 수급 동향을 꼼꼼히 정리하며 앞으로의 시장 방향성을 예측합니다.

둘째, 매매 내역을 점검합니다. 키움증권의 [0606] 화면을 보면 제가 매수하고 매도했던 지점이 나오는데, 복기는 시간이 지날수록 의미가 퇴색되므로, 가능한 한 당일에 완료하려고 노력합니다. 당시의 시장 분위기와 저의 감정 상태는 하루만 지나도 희미해지기 때문입니다. 그래서 그때그때 웬만하면 '내가 이때 무슨 생각으로 매매했는지'를 메모해 두는 것이 장기적으로 봤을 때 도움이 됩니다. 이런 복기를 통해 현재 시장 트렌드와 매매 방식에 대한 힌트를 얻을

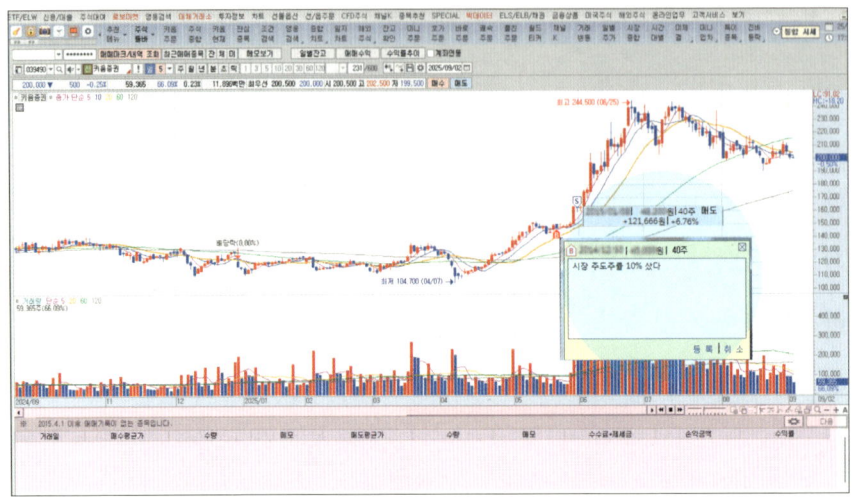

그림 3 매매일지를 복기할 수 있는 [0606]은 자동일지차트이다.
파란색 영역처럼 매수 및 매도한 가격에 마크가 표시되며, 메모창이 제공된다.
분홍색 영역에는 매매한 종목에 관한 일지를 메모할 수 있다.
출처: 영웅문 HTS/MTS

수 있어요. 예를 들어 "매수 시점을 좀 더 보수적으로 잡아야겠다" 또는 "매도 시점을 좀 더 느긋하게 가져가도 되겠다" 등의 구체적인 인사이트를 얻을 수 있습니다.

주식을 하면서 화를 잘 안 내려고 하는 이유가 바로 '모든 게 다 내 잘못'이라고 생각하기 때문입니다. '네 탓이 아닌 내 탓'이라는 생각으로 자기 반성을 많이 하는 편입니다.

우승자의
트레이딩 도구 활용법

장기 이평선들을 돌파하는 순간이 바로
완전한 추세상승 전환이 이뤄지는 시점입니다.

방대한 시장 정보 속에서 수익률을 높여줄 핵심 정보는 어떻게 찾아내나요?

▶▶ 저는 43인치 모니터 2대를 사용하는데, 한 대는 일종의 '전광판' 역할을 합니다. 관심종목들을 테마나 섹터별로 모아두고 어떤 종목들이 움직이는지 실시간으로 관찰하죠. 제 지론은 '빨간 불이 들어오는 섹터나 테마에서 매매해야 수익 낼 확률이 높다'는 것입니다. 그래서 이런 부분에 집중하는 편입니다.

수급 화면도 많이 봅니다. 특히 종가매매를 할 때는 외국인과 기관이 동시에 순매수하는 종목을 선호합니다. 기관 중에서도 투신투자신탁과 연기금은 장기적인 관점에서 매수하는 경향이 있어, 이들의 꾸준한 순매수세는 긍정적인 신호로 해석할 수 있습니다.

최근에는 종목별 투자자 매매 동향도 많이 활용하는데요. 프로그램 매매 추이를 확인하는 것이 시장의 큰 흐름을 파악하는 데 유용합니다. 장 초반에는 개인 투자자들의 매수세가 강해 큰 영향을 받지 않을 수 있지만, 장 후반으로 갈수록 그 영향력이 커지거든요. 누군가 지속적이고 기계적으로 매도 포지션을 취한다면, 주가 역시 심리적으로 압박을 받게 되죠. 시가총액이 큰 우량주를 매매할 때는 이러한 프로그램 매매 정보를 반드시 참고하는 것이 좋습니다.

가장 많이 활용하는 HTS 기능과 화면 구성에 대해 알려주세요.

▶▶ 특별한 지표를 사용하기보다는, 주로 종합차트를 활용합니다. 주문방식으로는 [8282] 호가주문 창을 사용합니다. 직관적인 매매가 가능해서 매우 편리합니다.

주로 사용하는 건 [4989] 주문통합창과 [8282] 화면입니다. [8282]는 왼쪽에서 매도를, 오른쪽에서 매수를 할 수 있어서 최근 트레이딩하는 분들이 많이 사용합니다. 저도 이 방식에 익숙해지니 편리하더군요.

종목을 볼 때는 어떤 창을 많이 쓰세요?

▶▶ 집에서 매매할 때는 차트를 2개로 나눠서 봅니다. 위쪽에는 분봉 차트를, 아래쪽에는 일봉 차트를 배치하고 옆에 주문 창을 두는 방식이죠.

저는 시황 매매를 즐겨하지는 않습니다. 기본 화면 구성은 관심종목, 호가 주문 창, 분봉 차트, 일봉 차트, 종합시황뉴스로 되어 있습니다.

- [0606] 분봉 차트
- [8282] 호가주문
- [0606] 일봉 차트
- [0700] 종합시황뉴스
- [0130] 관심종목

모니터 해상도가 높은 요즘은 자기 시야에 잘 보이는 부분에 중요한 화면을

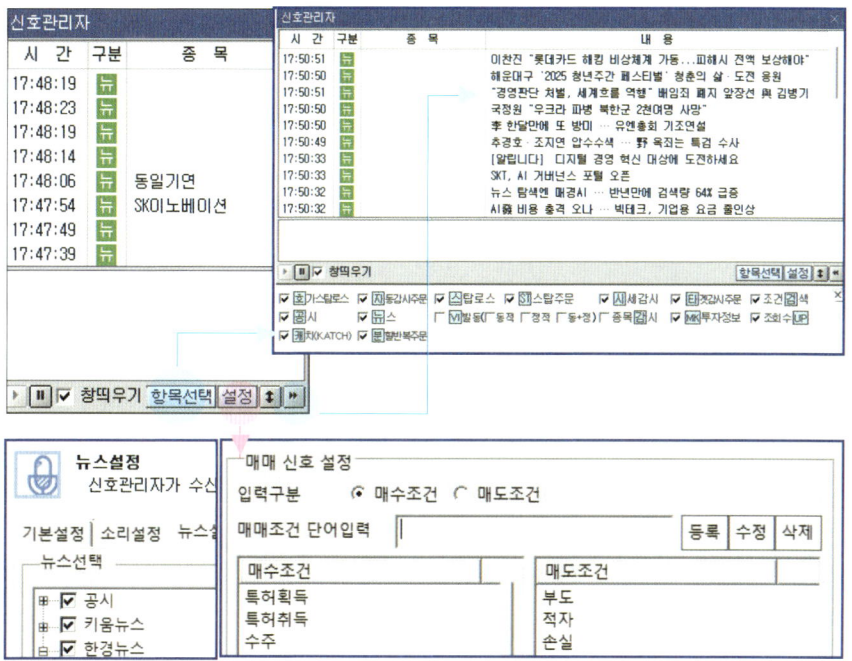

그림 4 HTS 하단 '신호대기' ◀ 신호대기 를 클릭하면 각종 신호 발생을 알려주는
'신호관리자' 창이 뜬다. 즉시 뉴스와 종목의 제목 등을 조회할 수 있으며,
창에 표시될 뉴스를 설정하거나 특정 단어를 매수 및 매도 조건으로 등록할 수도 있다.
출처 : 영웅문 HTS/MTS

배치하고, 가끔씩 확인하는 정보는 조금 멀리 배치하는 식으로 운용하곤 하죠.

또한 '신호관리자' 창의 뉴스 설정 기능을 이용해 특정 키워드가 포함된 뉴스가 나오면 알림 소리가 나도록 설정할 수 있습니다. 예를 들어 특정 정치인이 주목받는 시기나 이슈 키워드를 설정해두면, 관련 뉴스가 나올 때 소리로 알려주어 바로 확인할 수 있습니다.

차트 설정에 특별한 노하우가 있으신가요?

▶▶ 차트의 가독성을 높이기 위해 선의 굵기와 색상을 조정하여 사용합니다.

특히 많은 투자자가 중요하게 생각하는 20일 이동평균선은 4포인트 정도로 굵게 설정합니다. 20일선은 한 달의 평균 거래일을 나타내는 핵심 지표이기 때문입니다.

여기에 제가 스승님께 배운 대로 장기 이동평균선253쪽 5 참고도 추가로 설정합니다. 240일선약 1년은 빨간색으로, 480일선약 2년은 파란색으로 설정하여 장기 추세를 파악하는 데 활용합니다.

장기 이동평균선이 실제 매매에 어떤 영향을 미치나요?

▶▶ 장기 이동평균선은 종종 지지선 역할을 합니다. 주가가 하락하다가 장기 이동평균선에 도달하면 반등하는 경우가 꽤 있습니다. 또한, 역배열단기 이평선이 장기 이평선 아래에 위치한 상황 상태일 때는 일반적으로 좋지 않은 신호로 간주됩니다. 반면, 주가가 상승하며 정배열단기 이평선이 장기 이평선 위에 위치한 상황로 전환되면 긍정적인 신호로 해석할 수 있습니다.

특히 역배열 차트에서 주가가 상승할 때, 장기 이동평균선이 강력한 저항선으로 작용하는 경우가 많습니다. 이는 장기간 주식에 물려 있던 투자자들이 본전 심리로 인해 매도 물량을 내놓기 때문입니다. 이러한 매물대 저항을 파악하는 데 장기 이평선은 매우 유용합니다.

완전한 추세상승 전환의 신호는 무엇인가요?

▶▶ 장기 이동평균선을 강하게 돌파하는 순간이 바로 추세상승의 전환 시점이라고 볼 수 있습니다. 이 과정에서는 보통 대량거래가 동반됩니다. 두꺼운 매물대를 뚫고 올라가려면 그만큼의 강한 매수세가 필요하기 때문이죠.

그림5 장기 이평선을 강하게 돌파하면 대개 대량거래가 동반된다.
이런 경우 [0796] 투자자별 매수 동향 화면을 함께 확인한다. 출처: 영웅문 HTS/MTS

조건검색을 사용하지 않으시는 특별한 이유가 있나요?

▶▶ 조건검색을 사용하면 뇌동매매254쪽 14 참고를 하게 되는 경향이 있습니다. 조건검색식은 주로 '1분당 거래대금 30억 원 이상'과 같은 방식으로 설정합니다. 물론 다양한 조건을 추가할 수 있지만, 이런 식으로 종목이 포착되면 이성적인 판단보다는 일단 매수하고 싶은 충동이 생기기 마련입니다.

문제는 조건검색으로 포착된 종목은 대부분 이미 주가가 많이 상승한 상태일 확률이 높아, 수익보다는 손실을 볼 확률이 더 높다는 점입니다. 그래서 저는 조건검색은 참고만 할 뿐, 시장 전체의 흐름을 파악하고 왜 특정 종목이 움직이는지를 파악하는 데 더 집중합니다.

훗날 다시 매수할지언정 물타기는 금물이다

평상시 매매할 때 원금은 얼마 정도로 세팅하세요?

▶▶ 보통 1억 정도로 합니다. 최근에는 시드머니를 조금 더 늘려 약 2억 5천만 원 정도로 운용하고 있습니다. 예전에는 단기 트레이더로서 '매일 수익을 내야 한다', '하루라도 손실을 봐선 안 된다'는 강박관념이 있었습니다.

하지만 최근에는 시장과 제 매매 방식이 잘 맞지 않는다고 느낄 때가 많습니다. 특정 날에는 큰 수익을 내지만, 며칠 후에는 그 수익을 모두 반납하는 경험을 여러 번 했거든요. 그래서 요즘은 아침에 손실이 조금 발생하거나, 제 예측과 다르게 시장이 움직인다고 판단되면 오전에 일부 매매만 하고 그날은 매매를 종료합니다.

한 달에 원금 대비 20~30%만 수익을 내도 충분히 만족스러운 결과라고 생각합니다. 좋은 매매 기회가 왔을 때 과감하게 비중을 실을 수 있도록, 여유를 두고 원금을 조금씩 늘려가고 있습니다.

단기매매를 할 때 주로 몇 종목을 동시에 거래하십니까? 오후장 매매 전략도 궁금합니다.

▶▶ 단기매매, 즉 단타는 변동성이 큰 오전장에 집중하는 편입니다. 저는 여러 종목을 동시에 다룰 역량이 부족하다고 생각하기 때문에, 한 번에 한 종목씩 매매하고 하나의 매매가 끝나면 다음 종목으로 넘어가는 방식으로 하고 있습니다.

반면, 오후 2시 30분 이후에는 다음 날을 위해 홀딩할 종목들을 선정합니다. 이때는 3~4종목, 많게는 5종목까지 매수할 때도 있습니다. 자금을 한 번에 투입하기도 하지만, 일반적으로는 분할매수를 통해 리스크를 관리합니다.

예를 들어 1억 원의 자금으로 증거금 40% 종목을 매매하면, 최대 3억 원어치의 종목을 매수할 수 있습니다. 원칙적으로는 분할매수가 안전하지만, '결정적인 순간'이라고 판단될 때는 과감하게 한 번에 매수하기도 합니다.

말씀하신 '결정적인 순간'이란 구체적으로 어떤 상황을 의미하나요?

▶▶ 주가가 상승했다가 조정을 거친 후, 충분한 조정기간을 지나 당일 고점이나 저항 매물대를 돌파하려는 시점을 말합니다. 이러한 돌파가 확실하게 일어날 것이라는 강한 신호가 포착될 때, 저는 분할매수 없이 과감하게 진입하는 편입니다.

또 한 가지 결정적 순간을 결정하는 건 '재료가 너무 좋을 때'입니다. 즉, 현재 트렌드에 잘 맞는 재료, 파급력 있는 재료에 차트도 좋고 신고가 영역으로 가는 차트, 거래대금이 활발히 들어와서 많은 금액을 베팅해도 손절을 짧게 할 수 있는 상황이죠. 이런 때는 과감하게 베팅합니다.

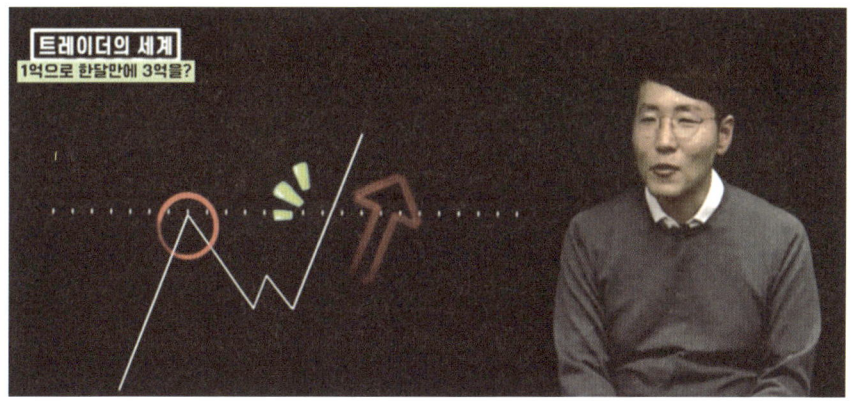

그림 6 상승↗, 조정↘을 거쳐 저항 매물대를 돌파하는 시점이 진입의 결정적 순간!
출처: 채널K '키움증권 실전투자대회 우승자 인터뷰' 캡처

투자에서 손실을 피하기 위한 자신만의 노하우가 있으신가요?

▶▶ 처음 투자를 시작했을 때는 손실을 보지 않는 것에 집중했습니다. 물론 지금도 '잃지 않는 매매'가 제 모토입니다만, 최근에는 주식투자에서 손실은 필연임을 인정하게 되었습니다.

저도 손실이 자주 나고 손절을 많이 합니다. 항상 아쉬운 것은 '좀 더 빨리 손절할걸' 하는 후회입니다. 빨리 잘라내야 새로운 기회가 왔을 때 멘탈을 회복하고 그 기회를 잡을 수 있습니다.

한 종목에 물려 있으면 다른 기회를 제대로 포착하기 어렵습니다. 데이 트레이더에게 손실이 없는 매매는 사실상 불가능하다고 생각합니다. 또한, 개인적으로는 승률만 높은 매매가 꼭 좋은 것은 아니라고 생각합니다. 승률에 대한 강박관념이 생기면, 큰 추세를 따라 수익을 크게 낼 수 있는 기회가 와도 승률 때문에 일찍 매도하는 경향이 생기기 때문입니다.

잘하는 트레이더들을 보면, 작은 매매로 소소한 수익을 내다가 결정적인 기회가 왔을 때 모든 역량을 집중해 큰 수익을 올리는 경우가 많습니다. 이는 포커에서 작은 판에서는 관망하다가 큰 판에서 베팅하는 것과 유사합니다. 매일 비슷한 수익을 기대하기보다는, 자신에게 맞는 시장이 왔을 때 크게 수익을 내고 손실을 최소화하는 전략이 중요합니다.

많은 투자자들이 '작년에 3억을 벌었으니 올해도 그 정도 벌어야 한다'는 강박관념이나, '다른 트레이더는 이번 달에 많이 벌었는데 나는 못 벌었다'는 비교 심리에 시달립니다. 하지만 이러한 강박과 비교는 오히려 좋은 매매를 방해한다고 생각합니다.

보유 종목이 손실로 전환됐을 때는 어떻게 대응하세요?

▶▶ 말씀드렸듯이, 저는 지체 없이 손절합니다. 특히 단기매매에서는 절대 '물타기'를 하지 않는 것이 저의 철칙입니다. 물타기는 9번 성공하더라도 단 한 번의 실패로 계좌에 큰 손실을 입힐 수 있기 때문에 매우 경계합니다.

계획된 분할매수와 '주가가 떨어질 때 추가로 매수'하는 물타기는 완전히 다른 개념입니다. 망설이지 않고 손절하는 것이 정답이며, 필요하다면 나중에 다시 매수하는 한이 있더라도 손실은 빨리 확정해야 합니다.

진입의 결정적 순간을 알아차리는 비결

주가 상승의 원인은 결국 재료에 있습니다.
이를 차트와 연관 지어 생각할 수 있어야 합니다.

진입 시점을 포착하는 자신만의 노하우가 있다면 알려주세요.

▶▶ 예전에 한봉호 선생님의 방송을 보고 배운 것이 있다면, 스캘핑254쪽 19 참고 을 정확히 구사하기는 어렵다는 거예요. 진정한 스캘퍼라고 하긴 어렵지만, 제가 선호하는 매수 시점을 분봉 차트로 설명해 드리겠습니다.

　우선 좋은 재료로 인해 연속적으로 수급이 붙는 종목은 보통 상승 파동이 한차례 발생한 후 약간의 조정기간을 거칩니다. 이 조정기간은 길면 20~30분, 짧으면 10~15분 정도 지속됩니다. 이후 다시 한 차례 파동이 시작되려는 시점이 있는데, 이 시점을 매우 선호합니다. 분봉 차트에서는 이평선 정배열 초입, 즉 상승 파동이 시작되는 초기 부분에 매수하면 수익을 많이 낼 가능성도 높고 손절도 빠르게 할 수 있습니다.

그림 7 신정재 트레이더는 일분봉 차트에서 조정을 지나 파동이 시작되려는 시점에 진입하기를 선호한다. 참고로 스윙 트레이더는 30 또는 60분봉, 초단타 트레이더는 1 또는 3분봉을 보는 경향이 있다.
출처 : 채널K '키움증권 실전투자대회 우승자 인터뷰' 캡처

차트 분석 시 주로 몇 분봉을 보는 게 활용하시나요?

▶▶ 저는 주로 일분봉을 봅니다. 가장 빠르게 반응이 오기 때문입니다. 사실 어떤 주식이 상승한다고 했을 때, 트레이더마다 다른 시간 축을 선호합니다. 데이 트레이딩254쪽 16 참고을 하거나 스윙매매254쪽 18 참고를 하는 투자자들은 30분봉이나 60분봉을 보고 매수 시그널을 찾기도 합니다. 반면, 대부분의 단기매매자들은 일분봉이나 3분봉 차트를 보죠.

하지만 분봉 차트만 보는 것은 의미가 없습니다. 차트가 그렇게 그려지는 원인을 이해하는 것이 중요합니다. 주가 상승의 원인은 결국 재료에 있고, 호가창에서 체결된 내용이 분봉 차트로 시각화되는 것이기 때문입니다. 이 둘을 연관지어 분석해야 단기 트레이더로서 좋은 성과를 낼 수 있습니다.

분봉 차트 진입 타이밍 포착법 : 좋은 진입 타이밍은 언제?

✓ 연속적 수급이 붙는 종목에서 첫 파동 이후 조정 구간(10~30분)이 핵심!
✓ 이평선 정배열 초입, 상승 파동 시작점이 최적 진입 시점
✓ 이 구간은 손절이 빠르고, 수익의 가능성이 높아짐

──→ 차트를 보는 것보다 왜 그렇게 그려졌는지를 아는 것이 더 중요!
차트는 결과, 재료는 원인! **기술적 분석+ 재료 이해력**이 단기 트레이딩의 성공 요건

기술적 분석과 기본적 분석 중 어느 쪽을 더 중요하게 생각하십니까?

▶▶ 둘 다 중요하다고 생각합니다. 주식을 처음 배웠을 때는 기술적 분석, 즉 차트 분석에 많이 몰두했습니다. 하지만 어느 순간 '차트가 왜 이렇게 그려지는지, 이런 차트가 그려지는 원인이 무엇인지'가 궁금해졌고, 이런 부분을 많이 공부했습니다.

그리고 저는 기술적 분석과 더불어 차트가 그려지는 원인, 즉 현재 사회적으로 어떤 이슈나 현상이 있고, 그것이 어떻게 주식시장에 반영되는지를 이해하려고 노력합니다.

"주가는 속일 수 있어도 거래량은 못 속인다"라는 말이 있습니다. 거래대금이 많이 터지는 종목은 대부분 이유가 있습니다. 그리고 그 현상이 얼마나 지속될지, 어떻게 진행될지를 파악하며 매매하면 됩니다. 그러한 인기 종목들은 시장 참여자들의 관심이 집중되어 있기 때문에 기술적 분석이 잘 들어맞는 경우가 많습니다.

반면, 비인기 종목은 시장 참여가 적어 기술적 분석이 잘 통하지 않을 때가

많죠. 주가는 사람들이 사고팔아야 움직이는데, 시장 참여자들의 참여가 적으면 그 움직임에 의미가 없기 때문입니다. 중장기투자에서 큰 수익을 얻으려면, 주목받지 않을 때 주가가 많이 떨어진 종목을 매수해 테마가 붙거나 이슈가 생겼을 때 상승하는 것을 노려야 합니다.

다만, 우리나라 시장에서는 기술적 분석상 '갈 자리가 아니다'라고 판단하더라도, 강력한 호재나 재료가 나오면 매물대를 뚫고 급등하는 경우가 꽤 있습니다. 이러한 상황은 기술적 분석만으로는 예측하기 어렵죠. 주가는 결국 사람들의 심리가 투영된 결과이므로, 주가가 오르는 원인을 이해하는 것에 집중하여 공부해야 합니다.

제가 종목을 고를 때 중요하게 생각하는 것은, 왜 오르는지 이유를 알 수 있어야 한다는 점입니다. 이유를 모르면 그것은 뇌동매매라고 생각합니다. 시장에서 거래가 많이 터지는 인기 종목인데도 저 자신이 그 상승 이유를 이해할 수 없다면, 과감하게 그 종목은 포기합니다. 이런 경우 보통 네이버 검색, 종목 토론방, 메신저 등을 뒤져봐도 명확한 이유를 찾기 어렵습니다. 그런 종목에 섣불리 들어가면 대개 고점에 물리게 됩니다.

그래서 주가가 움직이는 원인을 충분히 이해하고 납득할 수 있을 때만 매매하는 것이 중요합니다. 저는 보통 섹터별, 테마별로 종목을 분류해두고, 매매 전날이나 당일에 어떤 뉴스가 나오는지, 그 뉴스가 어떻게 반영되는지, 시장 분위기는 어떤지 등을 살펴본 후 종목을 선정합니다.

특히 선호하는 매매 패턴이나 기법이 있나요?

▶▶ 많은 분들이 정형화된 매수 및 매도 기법을 궁금해하시는데요, 저는 신고가 패턴의 종목매매를 매우 선호합니다. 물론 간이 크고 기질이 강한 투자자들

은 이 방식으로 크게 수익을 내기도 하지만, 저는 다소 보수적인 편이라 길게 보유하지는 않습니다.

거래량이 줄어들면서 5일 이동평균선을 깨는 순간, 일단 보수적인 관점에서 접근합니다. 이후 조정기간을 거친 후 다시 거래가 늘어나는 시점에 그 종목을 다시 편입시키는 편입니다.

스윙매매보다는 단기매매를 선호하시는 특별한 이유가 있습니까?

▶▶ 저는 물려 있는 상황, 그러니까 계좌가 파란색으로 마이너스가 되어 있는 상황을 잘 견디지 못합니다. 매매가 끝난 후에는 가족과 시간을 보내거나 다른 활동을 하고 싶은데, 어느 종목에 물려있으면 계속 신경이 쓰이니까요. 물론 스윙매매로 큰 수익을 낸 적도 있지만, 큰 손실을 본 적도 있고요.

이런 스트레스를 줄이기 위해 "조금 덜 벌더라도 스트레스를 덜 받자"는 마인드를 갖게 되었습니다. 이것이 제 주식 매매 철학 중 하나입니다.

매매 철학에 대해 한 가지 덧붙이자면, 저는 항상 '시장 앞에 겸손하자'는 생각을 갖고 매매합니다. 시장에는 저보다 훨씬 큰 자금을 운용하는 사람들이 많습니다. 수많은 시장 참여자들 속에서 저는 별 볼 일 없는 존재라고 여기며, 작은 수익에 만족하고 크게 잃지 않는 것이 결국 꾸준히 돈을 버는 길이라고 생각합니다.

대회에서도 이런 마인드를 유지했습니다. 거북이처럼 하루에 1%, 2%, 3%라도 수익을 내고 잃지 않는 것을 목표로 삼으며 매매 밸런스를 꾸준히 유지했습니다. 물론 결정적인 기회가 왔을 때는 과감하게 승부수를 던지기도 하지만, 기본적으로는 '한 방에 무너질 수 있다'는 경계심을 항상 갖고 있습니다.

장 마감 30분이 기회의 순간이다

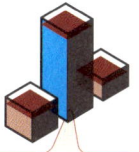

트레이딩은 언제 들어가고 언제 나오는지가 전부입니다.

'종가매매'에 대한 정의와, 종가매매를 시작하게 된 계기가 궁금합니다.

▶▶ 제가 생각하는 종가매매는 장 종료 직전에 종목을 매수해 다음 날 시가 갭 상승이나 장 초반 시세를 노리는 매매 방식입니다.

종가매매를 시작하게 된 계기가 있었는데요, 처음에는 오전에 시간이 날 때 MTS로 단기매매, 단타 매매를 했습니다. 그러다 어느 날 갭 상승 출발을 하는 종목들을 보니, 단기매매자 입장에서는 이미 갭이 많이 뛰어서 따라잡기가 부담스럽더라고요. 게다가 당시는 강세장으로, 연속성 있는 테마들도 자주 나오는 상황이었습니다. '내가 스캘핑을 너무 힘들게 하고 있지 않나, 종목을 홀딩해서 가지고 있으면 조금 더 큰 수익을 낼 수 있는 시장인데'라는 생각이 들더군요. 이 경험을 계기로, 어떤 경우에 홀딩해야 하는지 연구하며 종가매매를 시작하게 되었습니다.

스캘퍼와 데이 트레이더는 어떤 차이가 있습니까?

▶▶ 스캘퍼와 데이 트레이더는 조금 다릅니다. 데이 트레이딩은 오늘 오전에 종목을 매수해 오늘 장 마감 전까지 매도하는 개념입니다. 이는 초보자보다는 시장 상황과 종목의 강도를 잘 아는 경험 많은 트레이더에게 적합한 전략입니다. 한편, 스캘핑은 더 짧은 시간 단위로 매매하는 것을 말합니다.

시장이 어떻게 될지 모르는 상황에서, 보통 테마주들은 9시 40~50분, 길면 10시 정도에 당일 고점을 찍고 조정을 받습니다. 데이 트레이더들 중에는 가격 조정과 시간 조정을 거친 후, 상한가를 향해 다시 상승 추세로 전환되면 그때 따라잡기를 하는 경우도 있습니다.

하지만 대부분의 스캘핑 매매자들은 오전 9시 40~50분, 10시 안에 매매를 종료합니다. 손실이 났다면 최소화하고, 수익이 났다면 그 수익을 지키는 전략을 택합니다.

참고로, 많은 개인 투자자들은 오전에 수급이 몰리는 종목을 보면 '이 기회를 놓치면 안 된다'는 조급함을 느낍니다. 하지만 시장에 연속성이 없다면, 이러한 조급함은 대량거래 음봉이나 위꼬리가 길게 달린 음봉을 만들며 손실로 이어지는 경우가 많습니다.

종가매매 시 종목 선정은 어떻게 하십니까?

▶▶ 종가매매는 다음 날 시세를 노리는 방식이므로, 시장의 인기 테마나 인기주 중 재료의 연속성이 살아있다고 판단되는 종목을 선택하는 것이 중요합니다. 단순히 오늘 상승했다고 해서 홀딩할 필요는 없습니다. 재료가 살아있으면서도 조정을 잘 마친 후 상승 추세로 전환하는 종목을 종가매매 대상으로 삼습니다.

구체적인 항목별 기준은 다음과 같습니다.

- **재료(모멘텀)** 주가가 상승해야 할 명분이 필요합니다. 아주 작은 명분이라도 있어야 합니다.
- **거래대금** 최근 거래일 대비 눈에 띄는 거래량이나 거래대금이 필요합니다. 정확한 수치로 말하기는 어렵지만, 거래대금은 많이 터질수록 좋습니다.
- **차트 패턴** 더 정확히는 매물대를 보는 것입니다. 얼마나 많은 사람들이 물려 있는지가 심리적으로 매우 중요합니다. 전고점254쪽 **11** 참고과의 이격이 좁거나 신고가를 갱신한 종목을 선호하는데, 이는 매물대가 얇음을 의미합니다.
- **캔들 형태** 장대 양봉이나 위꼬리가 달린 양봉 중에서는 위꼬리가 짧은 종목을 선호합니다. 오늘 캔들 안에서도 물린 사람이 적은 종목은 상승 시 저항이 적어, 적은 힘으로도 더 쉽게 오를 확률이 높기 때문입니다.
- **충분한 기간 조정** 전고점 이후 충분한 기간 동안 조정을 거친 종목을 선호합니다. 이는 매물대가 얇아지는 특성 때문입니다. 고점을 찍고 시간이 지나면 손절할 사람은 손절하고, 물타기할 사람은 이미 물타기를 마쳐서 매물대가 얇아지고 상승을 위한 힘이 비축됩니다.

추세상승의 전제 조건으로 '충분한 기간 조정'을 꼽으셨는데, 구체적인 사례를 들어 설명해주시겠어요?

▶▶ 실제 사례를 볼까요. 인터뷰 당시 상한가를 기록한 로보라는 종목은 1월 5일과 7일에 신고가를 갱신한 후 기간 조정을 거쳐 다시 신고가를 갱신했습니다. 약 35거래일, 즉 거의 두 달 정도의 조정기간을 거쳐 새로운 시세가 분출된

것입니다.

　제가 말씀드리고 싶은 것은, 고점을 다시 갱신하기 위해서는 충분한 기간 조정이 필요하다는 점입니다. 이 기간을 통해 매물대가 얇아지고 상승을 위한 힘이 비축될 수 있습니다.

종목마다 고유의 패턴이 존재하나요?

▶▶ 네, 종목마다 고유의 특성, 즉 '끼'가 존재한다고 생각합니다. 특히 대형주나 시가총액이 큰 종목들은 외국인과 기관의 양매수가 들어왔을 때 더욱 강하게 움직이는 경향이 있어, 이 부분을 중요하게 살펴봅니다.

중소형주에서 외국인과 기관의 양매수는 효과가 크지 않나요?

▶▶ 중소형주에서의 양매수도 물론 효과가 있습니다. 심리적으로 긍정적인 영향을 미치죠. 다만, 시가총액이 작은 종목은 주가 상승을 주도하는 세력이 주로 개인 투자자인 경우가 많고, 시가총액이 큰 종목은 외국인과 기관이 주도하는 경우가 많다는 차이가 있습니다.

　시총이 큰 종목은 대개 '개인들의 힘으로 움직이기 어려운 주식'이라고 생각하는 경향이 있죠. 따라서 외국인과 기관의 보유 물량이 많을 경우, 이들이 매도하지 않으면 주가 상승 탄력이 좋고, 반대로 이들이 매도하면 상승 탄력이 줄어듭니다. 단기매매에서는 변동성이 중요하므로, 종목의 주체가 누구인지 파악하는 것이 중요합니다.

종가매매 시 반드시 주의해야 할 점은 무엇인가요?

▶▶ 장 마감 무렵이나 동시호가 때 2~3%라도 시세가 나왔다면, 일부라도 수익

을 실현해 비중을 줄이는 것이 좋습니다. 다음 날까지 보유할 계획이더라도, 일부라도 수익을 확정해두면 심리적으로 안정감을 가질 수 있습니다. 시장이 불안정하거나 시황이 좋지 않을 때는 주식을 홀딩하는 것 자체가 큰 리스크이므로, 때로는 한 박자 쉬어가는 여유가 필요합니다.

종가매매는 적재적소에 해야 하는 매매 방식으로, 매우 어렵습니다. 특정 시장과 시기에만 통하는 전략입니다. 무작정 보유한다고 해서 수익이 보장되는 것은 아닙니다. 시황이 좋지 않을 때는 매매를 쉬는 것도 중요한 전략입니다.

또한, 종목이 상승하는 이유와 특성을 반드시 이해하고 매수해야 합니다. 차트만 보고 매매하면 승률이 떨어질 수밖에 없습니다. 어떤 종목은 지수가 하락해야 오르는 특성이 있고, 어떤 종목은 지수와 함께 움직이는 특성이 있습니다. 이러한 종목별 특성과 상승 원인을 파악하는 것이 중요합니다.

같은 상황에서 시가총액이 큰 종목과 작은 종목 중 하나를 선택해야 한다면, 다음 날 갭 상승을 노리기에는 일반적으로 시가총액이 작은 종목이 더 유리합니다.

종가매매와 관련해 더 강조하실 부분이 있나요?

▶▶ 호가창보다는 일봉과 분봉 차트의 추세를 신뢰하는 연습을 해야 한다는 것입니다. 호가창의 움직임은 매우 자극적이어서 순간적으로 멘탈을 흔들기 쉽습니다. 실제로 매수·매도세를 보고 따라 들어갔다가 고점에 물리거나 저점에 파는 경우가 많습니다. 반면 분봉 차트에서 이동평균선이 정배열을 이루며 우상향하는 패턴이 나온다면, 그 흐름을 믿고 어느 정도 홀딩할 수 있는 용기도 필요합니다.

이처럼 군중심리에 휘둘리지 않는 것이 매우 중요합니다. 자신의 원칙을 지키는 정신력이 장기적으로 승부를 가릅니다.

호가창에서 매수 잔량보다 매도 잔량이 많을 때 오히려 주가가 상승하는 경향이 있는 이유는 무엇인가요?

▶▶ 일반적인 예상과 달리, 매도 호가에 물량이 많을 때 주가가 상승하는 경향이 있습니다. 여기에는 두 가지 이유가 있습니다.

첫째, 호가창에 물량을 걸어두는 사람보다 걸어두지 않는 사람이 훨씬 많습니다.

둘째, 매도자는 더 비싼 가격에 팔기 위해 시장가로 팔 의향이 없는 것입니다. 높은 가격에 매도 주문을 걸어놓기 때문에, 매도 호가에 물량이 쌓이고 매수 호가에는 상대적으로 물량이 적어지는 경우가 많습니다.

저는 개인적으로 호가창에 물량이 탄탄하게 받쳐주는 것을 선호합니다. 심리적으로 안정감을 주기 때문입니다.

호가창에 걸려 있는 물량은 큰 두려움을 주지 않습니다. 진정으로 무서운 것은 큰 물량을 보유하고 있으면서 호가창에 내놓지 않는 세력입니다. 대량 보유자들은 호가창에 허매수를 걸거나, 매수 주문이 쌓이기를 기다립니다. 이들은 자신이 물량을 내놓으면 매수 심리가 위축될 것을 알기 때문에, 관망하려는 경향이 강합니다.

허수주문을 통해 투자자들을 유인하는 전략이 실제로 존재합니까?

▶▶ 그런 경우도 있을 수 있다고 봅니다. 소수의 집단이 특정 종목을 통제하는 경우가 있을 수 있지만, 많은 투자자가 활발하게 거래하는 종목에서는 한쪽이 완전히 좌지우지하기는 어렵습니다. 그래서 저는 그런 경우에는 추세를 믿는

편입니다.

호가창에서 투자자를 속이는 요소를 걸러내는 데 추세가 도움이 될까요?

▶▶ 네, 그렇습니다. 예를 들어 '허매수'는 매수 호가에 큰 물량을 받쳐놓아 개인 투자자들이 위에 있는 매도 물량을 소화하도록 유도하는 전략입니다. 이런 상황에서는 오히려 매도를 하라고 배웠습니다. 호가창에 보이는 물량에 현혹되지 않고, 큰 추세를 읽는 것이 중요합니다.

종가매매 실전 체크리스트

- **장중 눌림목 확인** : 상승 추세 속에서 건강한 눌림목이 형성되었는지 확인
- **당일 저점 유지 여부** : 당일 최저가를 깨지 않고 지지력을 유지하는지 살펴봄
- **종가 무렵 이동평균선 상단 유지 여부** : 장 마감 직전까지 주가가 주요 이동평균선 위에 위치하는지 확인
- **시간외 단일가 가격 흐름** : 정규장 마감 후 시간외 단일가에서 가격이 상승하는지 추이를 분석
- **다음 날 시초가 갭 발생 가능성** : 다음 날 갭 상승으로 출발할 가능성을 예측
- **홀딩 부담 여부** : 종목을 밤새 보유하는 데 따르는 심리적 부담을 고려

→ 호가창을 맹신하지 말라! 호가창보다 추세와 거래량을 신뢰하라!

손실을 최소화하는 트레이딩 스킬이 있다면, 살짝 공개해주시겠어요?

▶▶ 먼저 이론적으로 설명하자면, 싸게 사는 것도 중요하지만, 손절을 최소화하

는 것이 훨씬 중요합니다. 이를 위해 저는 충분히 확인하고 매수하는 전략을 사용합니다.

- **오후 3시 이후 매수** 당일 저점을 깨지 않고 우상향하는 움직임이 확인되면, 보통 오후 3시부터 접근합니다.
- **장 마감 직전 매수** 주가가 계속 하락하거나 저점을 판단하기 어려운 경우, 심리적 손절을 피하기 위해 장 마감 직전인 3시 18~20분 사이에 매수합니다.

이 두 전략의 공통점은 예상치 못한 상황이 발생할 경우를 대비해 주식을 보유하는 시간 자체를 줄여 리스크를 최소화하는 것입니다. 조금 더 비싸게 사더라도 확실하게 확인하고 매수하는 것이 손절을 피하는 효과적인 방법입니다.

매수 시점을 잡기 위해 기다리는 것을 잘하시는 것 같습니다.

▶▶ 쉽지 않은 일입니다. 저도 때로는 마음이 조급해질 때가 있습니다. 시장 상황이나 종목의 특성에 따라 2시 30~40분부터 매매를 시작하기도 하고, 때로는 3시 20분까지도 판단이 서지 않을 때도 있습니다.

종목의 연속성에 대한 확신이 없을 때는 시간외 단일가까지 확인하고, 가격이 상승하면 그때 매수하는 경우도 많습니다. 저는 싸게 사는 것보다 리스크 관리 차원에서 매수 시점을 잡는 것을 선호하기 때문에, 최대한 확인한 후 매수합니다.

전고점과의 이격 : 수익을 지키는 기술

매도 시점은 주로 어떻게 판단하시나요?

▸▸ 매도 감각은 경험을 통해 점차 키워나가는 부분이라고 생각합니다. 많은 고수들이 매도를 잘하는데, 이는 경험에서 나오는 부분이 많습니다. 그래서 매도는 '예술'이라고 표현하기도 합니다.

물론 기술적으로 이격도_{주가와 이동평균선 사이의 간격}를 설정해 매도 시점을 잡을 수도 있지만, 주가를 정확히 예측하는 것은 불가능합니다. 저 또한 팔고 나서 더 오르는 경우를 보면 많이 후회하지만, 손실을 보지 않고 익절_{이익 실현}했다는 것에 감사하면 마음이 편안해집니다. 트레이딩 경험이 많아질수록 매도 감각은 조금씩 좋아지는 것 같습니다.

매도 전략에 대해 좀 더 말씀드리자면, 추세매매254쪽 21 참고를 통해 길게 이익을 보는 투자자가 있는 반면, 저는 성격이 급해 어느 정도 수익이 나면 빨리 매도하는 편입니다. 추세를 길게 타는 투자자들은 큰 수익을 낼 수 있지만, 손절 폭도 클 확률이 높습니다. 반면 저는 일단 익절한 후 다시 진입 시점을 찾는 전략을 선호합니다. 시장이 아주 좋을 때는 추세 트레이더들이 더 유리해 빨리 판 것을 후회하기도 하지만, 일단 수익을 확정한다는 장점이 있습니다.

실제 사례를 좀 볼까요. 일동제약은 2022년 2월 22일에 재료가 있었는데, 정부에서 언급하면 시장 참여자들이 긍정적으로 반응하는 경향이 있습니다. 핵심은 국산으로 개발 중인 경구용 코로나 치료제였습니다. 당시 뉴스로 "일동제약과 셀트리온의 연구 진행 상황을 점검하고 지원 방안을 논의했다"는 내용이 보도되었는데, 이는 '가능성이 전혀 없지 않다'는 뉘앙스를 시장 참여자들에게

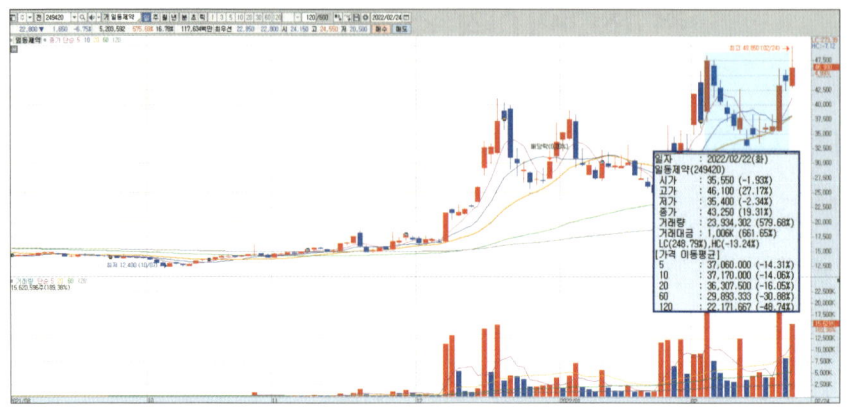

그림 8 일동제약 사례 (파란색 영역은 2022년 2월 7~23일을 표시) 출처 : 영웅문 HTS/MTS

주었습니다. 또한 코로나 확진자 수가 최대치를 갱신하고 있는 상황이었기 때문에, 2월 22일은 종가매매를 해볼 만한 상황이었습니다.

  일동제약의 차트를 보면, 2월 7일 고점 이후 조정기간이 짧았음에도 불구하고 좋은 재료가 나오자 다시 상승했습니다 그림 8의 파란색 표시 부분. 이렇게 대량거래와 함께 위꼬리가 달린 양봉이 발생하면, 다음 날 한 번 정도는 상승 추세를 나타내는 경우가 많습니다. 실제로 2월 23일, 시간외 단일가에서 거래량이 터지면서 다음 날 4.16%의 갭 상승으로 시작했습니다. 이런 경우에는 앞서 말씀드린 대로 빨리 매도하고 나오는 것이 좋습니다.

  이후 주가는 2월 24일에도 약간의 시세를 보인 후, 다시 신고가를 돌파하는 흐름을 보였습니다.

  흥아해운의 사례도 살펴보겠습니다. HMM의 사상 최대 실적에 힘입어 해운 업종이 주목받았고, 2월 17일에 흥아해운이 상한가를 기록했습니다. 이 종목은 시가총액이 크지만 유동성에 민감한 특성이 있습니다. HMM과 다른 해운주처

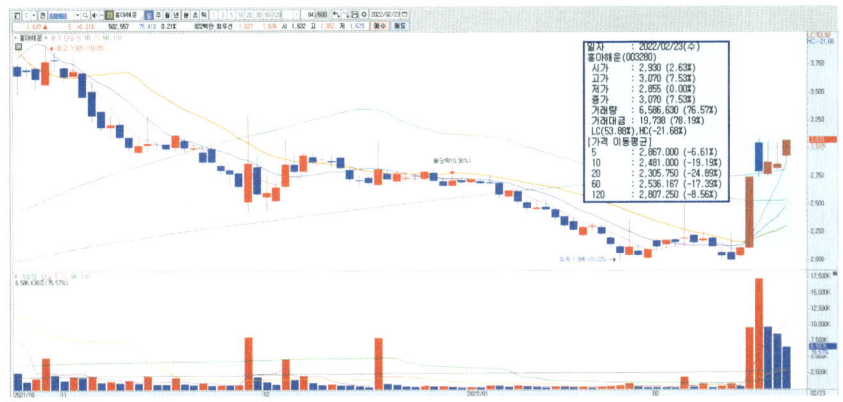

그림 9 흥아해운 사례 (파란색 영역은 2022년 2월 17~23일을 표시) 출처 : 영웅문 HTS/MTS

럼 실적이 좋아서 상승한 것이 아니라, 거래 중지 후 재개되면서 '다른 해운주 만큼 오를 가치가 있다'라는 논리로 상승했습니다.

  2월 23일 차트를 보면, 아침에 2.63% 갭 상승으로 시작했지만 거래량이 많지 않아 매매하기 어려운 구간이었습니다. 하지만 오후 1시 57분, 즉 오후 2시경부터 방향성이 우상향으로 바뀌는 것이 확인되었습니다. 이전까지는 관찰 기간으로, 당일 저점도 깨지 않고 좋은 흐름을 보였습니다.

차트에서 횡보 구간이 나타났을 때, 이를 어떻게 해석하고 매매에 활용해야 할까요?

▶▶ 일봉 차트에서 살펴봐야 합니다. 대량거래 음봉이 발생했다면 다음 날에도 계속 하락할 것 같지만, 실제로는 하락하지 않는 경우가 있습니다. 기술적으로 말하면, 5일 이동평균선을 깨지 않고 있다면 주목해야 합니다. 보통 이동평균선과 캔들이 수렴하면 변곡점이 형성되는데, 5일선을 깨고 10일선까지 하락하거나, 5일선 위에서 반등하며 다시 상승하는 패턴이 나타납니다.

이런 상황에서는 오후 3시 이후 주가가 하락하지 않고 상승 추세를 보이는 구간에 매수하는 것이 좋습니다. 이때는 전고점을 돌파할 가능성이 있기 때문입니다.

특히 종가 무렵에는 적은 거래량으로도 주가를 상승시키기 쉽습니다. 호가에 많은 물량을 걸어두지 않는 경우가 많기 때문이죠. 이 시간을 활용하면 리스크를 줄이면서도 수익을 낼 수 있는 구간이 충분히 생깁니다. 실제로 다음 날 2월 24일 흥아해운은 시간외 단일가에서 상한가를 기록했고, 갭 상승 후 무려 25%나 상승했습니다. 저는 오전 9시 5분 이내에 수익을 실현하는 편입니다.

수익 실현을 빠르게 하시는 편인데, 정말 욕심을 내지 않으시는 것 같아요.

▶▶ 그건 아닙니다. 저도 욕심을 많이 부립니다. 다만, 욕심 때문에 실패하는 경우가 훨씬 많아 자제하려고 노력하는 것입니다. 이렇게 말하는 것 또한 스스로 욕심을 통제하기 위한 방법 중 하나이고요.

대비되는 사례를 통해 한번 생각해보죠. 한 종목은 시간외 단일가에서 상승하고 다음 날 갭 상승했지만, 다른 종목은 시간외 단일가에서 하락하며 다음 날 갭 하락으로 시작했습니다.

이건 디와이의 차트입니다. 2022년 1월 20일과 21일 각각 1,800억, 3,600억 원의 거래대금을 기록한 후 조정을 받았습니다. 저는 보통 5일 이동평균선이 깨지면 보수적으로 접근하지만, 이 종목은 기간 조정이 매우 짧고 강하게 움직였습니다. 2월 9일 차트를 보면, 주가 변동폭이 크지 않았지만 전체적으로 우상향 패턴이 보였습니다. 종가 무렵에는 11,450원에서 11,500원 수준에서 거래되었고, 시장 참여자들은 '23% 상승하면 11,850원의 신고가를 돌파할 것'이라는 기대감에 매수세가 유입되어 동시호가에 1.71% 상승한 11,900원에 마감했습니

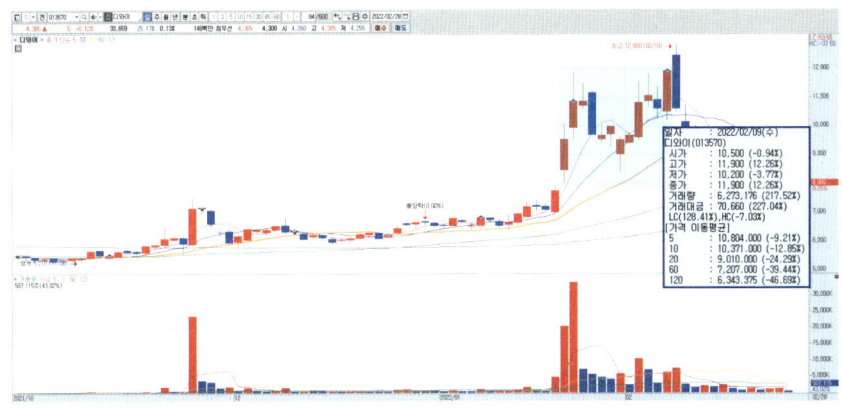

그림 10 디와이 사례 (파란색 영역은 2022년 1월 20일~2월 9일을 표시) 출처: 영웅문 HTS/MTS

다. 이는 매수 심리가 매도 심리보다 강했다는 의미입니다. 이처럼 강한 움직임이 나타나면, 보유자 중 일부는 매도하고 싶을 수 있지만, 한 번 더 상승할 것이라는 욕심이 매수 심리를 더 키우는 경우가 많습니다.

또 한 가지 말씀드리고 싶은 것은, 이렇게 고점에서 누가 매수할지 생각해봐야 한다는 점입니다. 무조건 신고가라고 해서 후속 매수세가 유입되는 것은 아닙니다. 시장 분위기, 종목의 특성, 재료 등 너무나 많은 변수가 있기 때문에, 수익이 발생했을 때 즉시 어느 정도라도 실현하는 것이 중요합니다.

한편, 2022년 1월 13일에 아진엑스텍은 겉으로 보기에 매우 깔끔한 차트 패턴을 보여주었습니다. 장 마감쯤에도 주가가 눌리는 모습을 보였지만, '저점이 계속 높아지는' 추세를 보이죠. 저는 저점이 높아지는 것을 매우 긍정적으로 봅니다. 차트에서 보이는 이런 구간들은 '눌림목'253쪽 2 참고이라고 할 수 있는데, 남들이 매도할 때 매수하는 전략이 유효합니다. 이때는 분할매수로 접근하는 것이 좋습니다.

그림 11 아진엑스텍 사례 (파란색 영역은 2022년 1월 13일~2월 8일을 표시) 출처 : 영웅문 HTS/MTS

하지만 동시호가 때 주가가 많이 오르면 저는 과감하게 전량 매도합니다. '충분히 수익을 냈다'는 마음가짐이 중요하기 때문입니다. 결과적으로 아진엑스텍은 다음 날 -14%의 큰 갭 하락이 나왔습니다.

따라서 차트가 좋아 보여도, 고점 근처에서는 수익 실현을 우선하는 편이 안전합니다.

아진엑스텍처럼 큰 하락이 나타난 경우에는 바닥을 기다렸다가 매수하는 것이 더 안전한 전략이 아닐까요?

▶▶ 좋은 지적입니다. 그러나 겉보기에 안전해 보이더라도, 실제로는 투자자 심리가 무너진 상태에서 바닥을 정확히 판단하기 어렵습니다.

아진엑스텍도 2월 8일에 한 번 반등했지만, 이런 경우 강한 거래량으로 올랐던 종목은 조정 이후 한 번쯤 '쌍봉'을 만들기 위해 반등하는 경우가 많기 때문에 유의해야 합니다. 오히려 무리하게 저점 매수를 시도하기보다, 차트와 거래량 흐름이 안정된 후 진입하는 것이 좋습니다.

혹자들은 차트의 특정 움직임을 보고 '세력'의 개입이라고 판단하기도 하는데, 어떻게 생각하세요?

▶▶ 그런 생각을 할 수도 있지만, 저는 그러한 가정을 하지 않으려 합니다. 그런 상상을 하다 보면 매매에 오류가 생기기 쉽습니다. 재료가 사라지면 주가는 하락하고, 다시 회복하는 데는 오랜 시간이 걸립니다. 따라서 저는 '세력'이 존재할 것이라는 생각 자체를 하지 않으려고 노력합니다.

'작전'을 하는 사람들에 대해 저는 잘 모르지만, 어디서 작전을 한다는 이야기가 제 귀에 들린다면 그것 자체가 문제가 있는 것입니다. 좋은 정보가 왜 나에게 왔는지부터 의심해봐야 합니다.

솔직히 말씀드리면, 저도 주식을 하다 보니 주변에서 "이 주식이 언제 합병한다더라", "인수된다더라" 하는 이야기를 간혹 듣습니다. 하지만 저는 그런 이야기를 한 귀로 듣고 한 귀로 흘립니다. 그런 정보에 의존하는 매매는 굉장히 위험하기 때문입니다.

주가는 더 높은 가격에 살 사람이 있어야 오르는 것이니, 시장에서 갭이 발생하고 음봉이 나타나며 조정에 들어가기도 하고, 신고가 영역에서 후속 매수세가 나타나기도 하는 것은 자연스러운 현상입니다.

"주식이 아무리 못되어도 팔 기회는 한 번 준다"는 말이 있잖아요.

▶▶ 맞습니다. 하지만 단기 트레이더에게는 위험한 생각일 수 있습니다. '언젠가 올라오겠지'라는 안일한 생각을 하는 순간 큰 사고가 발생할 수 있습니다.

저 또한 3년 남짓한 투자 기간 동안 큰 손실을 본 경우는 대부분 그런 상황이었습니다. 손절하지 않고 고집을 부리다가 물타기를 하고, 결국 심리적으로 더 이상 견디지 못할 때 최저점에서 손절하게 됩니다. 그런데 그때부터 주가는 마치 저를 놀리듯 반등하곤 했습니다. 단기매매자는 손절 원칙을 철저히 지켜야 합니다.

요즘은 주식을 잘 모르는 사람이 거의 없습니다. 따라서 손실을 보는 대부분의 원인은 실력 부족이 아니라 탐욕 때문입니다. 자신을 과신하거나 시장을 이기려는 태도가 문제를 일으키는 경우가 많습니다.

종가매매 시의 환경설정 노하우

HTS 세팅과 차트 환경설정은 어떻게 하시나요?

▶▶ 종가매매 시 참고하는 화면은 정규 장 때와 비슷합니다. 하루 동안의 데이터를 중점적으로 봅니다.

- [0778] 프로그램 매매 종목일별 프로그램 매매 추이를 보여주는 창으로, 프로그램 매매의 흐름을 파악합니다.
- [1051] 장중 투자자별 매매 종목별로 투자자에 따른 매매 추이를 보여주는 것으로, 장중에 실시간으로 확인할 수 있는 잠정 데이터입니다.
- [0796] 투자자별 매매동향 장이 끝나야 정확한 집계가 이루어집니다. 특히 외국인과 기관이 매수하는 종목들은 매우 중요하게 봅니다.
- [0700] 종합시황뉴스 지속적으로 체크해야 합니다. 종가 직전에도 중요한 뉴스가 나오는 경우가 많으므로, 항상 시황창에서 눈을 떼지 않아야 합니다.

투자자분들께 드리고 싶은 팁은, 점심시간에 시간이 나서 매매하는 것은 가급적 피하라는 것입니다. 이 시간대는 거래가 줄어들고 시장이 어떻게 변동될지 모르는 위험한 시간대입니다. 최소한 오후 2시 30분이나 3시쯤에 매매하는 것이 좋습니다.

그 전에 시간이 있다면, 종합 시황창에서 '특징주'로 검색해보세요. 오늘 이슈가 되어 움직였던 종목들이 모두 나타납니다. 이러한 정보를 활용해 종가매매에 적합한 종목을 미리 준비할 수 있습니다. 이렇게 하면 뇌동매매를 줄일 수 있고, 손실 위험이 높은 시간대에 무리한 매매를 하는 것보다 효율적입니다.

차트 위 아무 데나 마우스를 놓고 오른쪽 클릭하면 차트 환경을 설정할 수 있습니다. 차트 환경설정을 통해 최고가와 최저가를 표시하고, 등락률 표시 옵션을 설정하면 전고점과 현재 주가의 차이를 한눈에 볼 수 있습니다. 앞서 설명했듯이 이격이 작을수록 매물대가 얕다는 의미로, 상승에 유리한 차트입니다.

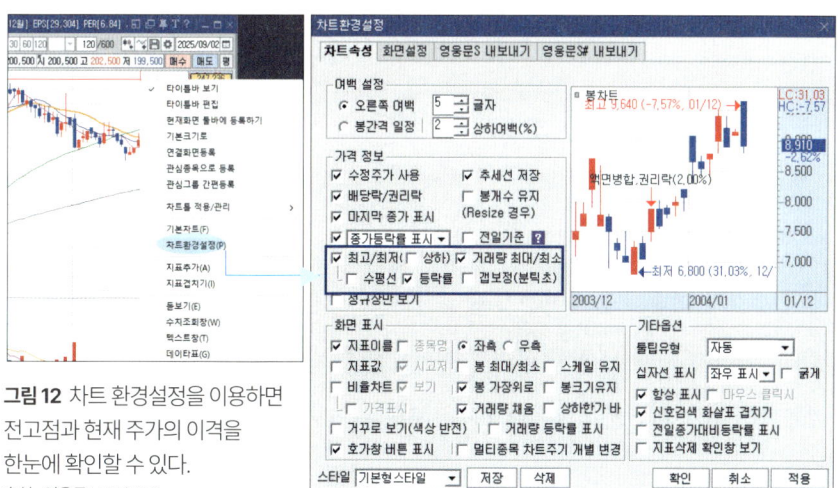

그림 12 차트 환경설정을 이용하면 전고점과 현재 주가의 이격을 한눈에 확인할 수 있다.
출처 : 영웅문 HTS/MTS

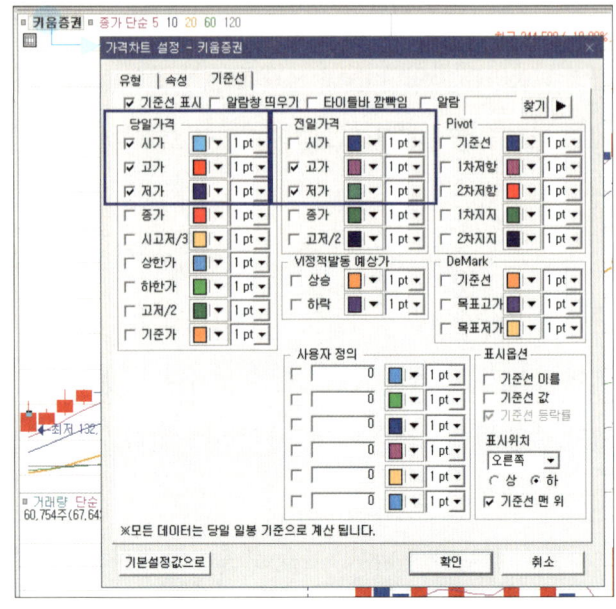

그림 13 차트에서 종목명을 더블 클릭 후 기준선을 설정하면 차트 분석이 용이해진다.
출처 : 영웅문 HTS/MTS

또한 기준선 설정도 중요합니다. 차트에서 종목명을 더블 클릭하면 기준선을 설정할 수 있습니다. 저는 당일 시가를 중요하게 생각해서 이를 기준선으로 표시합니다. 시가를 돌파하면 양봉이 되고, 그 아래로 가면 음봉이 되기 때문입니다.

특히 전일 고가는 핑크색으로 표시해두는 경우가 많습니다. 상승 추세에 있는 주식은 전일 고점이 매물대가 많은 저항대가 되는 경우가 많아, 이 저항선에서 주가가 어떻게 움직이는지 관찰하는 것이 중요합니다. 이런 기준선을 설정해두면 종가매매 시 훨씬 편리하게 차트를 분석할 수 있습니다. 특히 MTS로 매매하는 경우 화면이 작기 때문에, 이러한 기준선 설정이 더욱 유용합니다.

멘탈과 철학을 지켜야 계좌를 지킨다

자신의 수익에 만족할 수 있는 사람이 진정한 고수입니다.

멘탈이 정말 중요하다는 걸 느낍니다. 이와 관련해 조언을 해주신다면요?

▶▶ 지금과 같은 시장 상황일수록 멘탈 관리의 중요성을 강조하고 싶습니다. 저도 일주일 단위로 수익이 나지 않거나 손실을 보면 마음이 조급해집니다. 이는 대부분의 개인 투자자가 느끼는 심리일 것입니다.

하지만 이런 상황에서 무리하게 비중을 늘려 과도한 리스크를 감수하면 큰 손실로 이어질 수 있습니다. 시장이 좋지 않을 때는 매일 꾸준히 공부하고 복기하는 루틴을 유지하는 것이 중요합니다. 2020년, 2021년 같은 상승장에서 수익을 냈다면, 지금은 그 자금을 지키며 다음 기회를 노려야 할 때입니다. 시장이 좋지 않을 때도 돈을 벌 수 있는 트레이더가 진정한 실력자입니다.

주식시장은 결과를 중시하는 잔인한 곳입니다. 시장이 좋을 때 리스크를 감수해 수익을 낸 사람은 박수를 받지만, 아무리 열심히 분석했어도 손실을 본 사람은 매매를 잘못한 것으로 평가받습니다. 지금은 오히려 한 박자 쉬면서 다양한 종목을 공부하기 좋은 시점입니다. 무리한 매매보다는 자기 관리와 마인드 컨트롤에 더 집중해야 합니다.

수익 실현을 할 때도 심리적인 측면이 많이 개입되는데, 이와 관련해 노하우가 있으신가요?

▶▶ 매도 시점에 대해 말씀드리자면, 전날 매수한 종목이 시간외 단일가에서 어느 정도 시세를 보인다면 저는 일부라도 수익 실현을 하는 편입니다. 물론 저도 욕심을 부릴 때가 있지만, 주가가 상승했을 때 조금이라도 파는 것이 중요합니다.

절반이라도 팔면 주가가 하락했을 때 "절반이라도 팔아서 다행이다"라고 생각할 수 있고, 주가가 더 오르면 "남은 절반에서 수익이 늘었네"라고 긍정적으로 생각할 수 있습니다.

하지만 상승 시점에 팔지 못하면 나중에 큰 후회를 하게 되어 투자 심리에 악영향을 미칩니다. 주식을 하면서 느낀 것 중 하나는, 욕심을 부리지 않을 때는 문제가 없었지만 탐욕을 부릴 때는 항상 문제가 발생했다는 점입니다. 자신의 수익에 만족할 줄 아는 사람이 진정한 승자라고 생각합니다.

시간외 단일가까지 지나고 다음 날까지 홀딩했다면, 시초가에서 절반 또는 3분의 1 정도를 매도한 후, 오전 9시 5분 이내에 전량 매도하는 것이 제 원칙입니다. 그 이후 주가가 더 오르더라도 "그건 내 몫이 아니다"라고 생각하고, 일단 수익을 확보하는 편입니다.

이러한 원칙과 전략을 바탕으로 시장에 임한다면, 단기적인 수익보다는 장기적인 성공을 이룰 수 있을 것입니다. 무엇보다 중요한 것은 자신만의 투자 원칙을 세우고, 그것을 철저히 지키는 자기관리 능력입니다.

또 한 가지, 수익률 허영심에 관해 꼭 말씀드리고 싶습니다. 남을 의식하는 투자자일수록 자신의 수익은 자랑하고 손실은 숨기려는 경향이 있습니다. 이는 일종의 허영심이며, 또 다른 자아를 만들어놓고 싸우는 상황이 됩니다. 남에게 보여주기 위한 매매는 멘탈 관리에 전혀 도움이 되지 않습니다. 투자는 끊임없는 자신과의 싸움이라고 생각해야 합니다. 실제로 잘하는 투자자들은 자신을 잘 드러내지 않는 경향이 있다는 것을 기억하시면 도움이 될 것입니다.

오래 살아남는 트레이더가 되려면

트레이더로서 철학이 있으시다면?

▶▶ '돈을 버는 것보다 잃지 않는 것'이 중요합니다. 버는 기술이 뛰어나도 지키는 기술이 없으면 성공할 수 없습니다. 시장이 좋을 때는 누구나 돈을 벌지만, 시장이 흔들리거나 안 좋을 때 수익을 지키지 못하고 무너지는 트레이더들이 많습니다. 한두 해 반짝하고 사라지는 트레이더들이 많은 이유가 바로 이 때문입니다.

따라서 많이 버는 것보다 조금씩이라도 꾸준하게 버는 것이 중요합니다. 다른 사람의 수익에 흔들리지 않는 정신적 강인함도 필요합니다. 남이 얼마를 벌든 그것은 내 돈과 무관하다는 사실을 기억해야 합니다. 남의 수익을 의식할수록 마음만 조급해질 뿐입니다.

트레이더로서의 목표가 있나요?

▶▶ 주식시장의 무서운 점은 아무리 잘하는 사람도 한순간에 무너질 수 있다는 것입니다. 저 역시 이 점을 항상 경계하고 있습니다. 작은 것에도 감사하며 오래 지속되는 꾸준한 트레이더가 되는 것이 제 목표입니다.

주린이 트레이더에게 해주고 싶은 조언이 있다면?

▶▶ 처음에는 '주식으로 꼭 성공해야지', '주식으로 많은 돈을 벌어야지'라는 생각은 의외로 하지 않았습니다. 꾸준히 수익을 내는 사람들은 전체 투자자의 약 10% 정도라고 합니다. 누구나 다 성공할 수 있는 것은 아니지만, 노력하면 일정 수준은 도달할 수 있다고 생각합니다. 요즘은 워낙 많은 정보가 공유되고 있어, 결국은 자기 의지와의 싸움입니다.

'빚투빚을 내서 투자하는 것'는 절대 하지 말고, 한 방을 노리기보다는 거북이처럼 작게, 꾸준하게 가는 것이 정답입니다. 저의 목표는 10년, 20년 이상 꾸준히 성과를 내는 트레이더들의 발자취를 조금이라도 따라가는 것입니다. 큰돈을 벌기보다는 오래 살아남는 꾸준한 트레이더가 되고 싶습니다.

신정재 트레이더의 **투자 원칙**

1 **손실은 투자의 필연, 리스크를 최우선으로 관리하라.** 승률에 대한 강박과 비교심리를 버려라. 매일 비슷한 수익을 내기보다는 내게 맞는 기회가 왔을 때 크게 수익을 내고 손실을 최소화하는 전략이 필요하다. 결단이 필요한 순간에는 망설이지 말아야 한다.

2 **호가창보다 추세와 거래량을 신뢰하라.** 호가창은 심리적 영향을 주지만, 주가의 근본적인 힘은 추세와 거래량에서 나온다.

3 **물타기는 금물! 계획된 분할매수를 하라.** 떨어지는 종목에 대한 물타기는 계좌를 위협하는 독이다. 물타기와 분할매수는 다르다.

4 **왜 오르는지 이유를 아는 종목에만 투자하라.** 이유를 모르는 투자는 뇌동매매에 불과하다.

5 **수익률 허영심을 버리고, 자신과의 싸움에 집중하라.** 남에게 보여주기 위한 투자가 아닌, 자신만의 원칙을 지키는 외로운 싸움을 하라.

매 일 장 을 설 계 하 는
루틴형 전략가

PART 3
트레이더
청사진

종가
매매
②

> 성공적인 트레이딩의
> 핵심은 손실을 작게 하고,
> 기회를 크게 잡는 것이다.
>
> — 폴 튜더 존스
> 억만장자 헤지펀드 매니저이자
> 환경운동가

- 본 도서에 기재된 모든 내용은 투자자에게 일반적인 투자정보 제공을 목적으로 배포되는 것입니다. 따라서 개별종목에 대한 추천이 아니며 투자판단의 최종 책임은 고객 본인에게 있습니다. 어떠한 경우에도 도서에서 제공되는 내용이 고객의 투자결과에 대한 법적 책임소재의 증빙자료로 사용할 수 없습니다.
- 본 도서는 투자자의 투자를 돕기 위해 제작된 당사의 저작물이며 어떠한 경우에도 복사, 전송, 변형될 수 없습니다.
- 본 도서는 당사가 신뢰할 만하다고 판단되는 정보와 자료에 기초하여 작성된 것이나, 그 정확성이나 완전성을 보장할 수 없습니다. 본 도서에 포함된 내용은 작성일의 판단을 반영한 것이며, 추후에 그 내용 및 정확성이 변경될 수 있습니다.

　트레이더 청사진 님은 군 복무 중 우연히 시작한 주식투자를 통해 자신만의 독특한 매매 스타일을 구축한 전업투자자입니다. 대체복무로 오후 시간이 여유로웠던 환경이 그만의 무기인 종가매매 전략을 탄생시킨 계기가 되었죠.

　청사진 님의 가장 큰 특징은 철저한 루틴과 원칙에 기반한 체계적인 매매입니다. 매일 아침 7시 30분부터 뉴스를 확인하고, 하루 세 번 '단독' 키워드로 속보를 검색하는 것이 일상이 되었습니다. 특히 뉴스와 과거 데이터를 매칭하여 시장의 반응을 예측하는 능력은 그의 핵심 경쟁력입니다. 예를 들어 무선충전 관련 기사가 나오면 즉시 과거 관련주의 움직임을 떠올려 대응하는 식이죠.

　리스크 관리에서도 독특한 철학을 보여줍니다. "수익이 나면 절반은 무조건 뺀다"는 원칙은 단돈 5천 원을 벌어도 2,500원을 출금할 정도로 철저히 지킵니다. 이러한 수익 인출 습관은 안정감을 제공하고, 무리한 베팅을 막는 방패 역할을 합니다. 오전장에서는 투자금액을 최대 5천만 원으로 제한하여 보수적으로 접근하지만, 오후 종가매매에서는 자신 있게 최대 3억 원까지 베팅하는 과감함도 보입니다. 장 마감 5분 전, 특히 마지막 2분을 '진짜 승부처'로 보는 그의 시각은 종가매매의 본질을 정확히 꿰뚫고 있습니다.

"잘하는 것을 찾는 것보다 못하는 것을 버리는 게 먼저"라는 그의 철학처럼, 청사진 님은 자신의 약점인 호가창 읽기나 시가 베팅은 과감히 포기하고, 강점인 뉴스 기반 종가매매에 집중합니다. 20대의 젊은 나이지만 "재능보다 습관으로 이긴다"는 신념으로, 매일 같은 시간에 같은 루틴을 반복하며 꾸준한 수익을 창출하고 있습니다. 그는 시장을 "잔인하지만 평등한 곳"이라고 표현합니다. 끊임없이 시장에 순응하며 욕심을 버리고 원칙을 지키는 것이 생존의 핵심임을 몸소 실천하고 있는 그의 이야기를 자세히 들어보겠습니다.

영상 보러가기

진짜 기법은 한 번만 사서
수익을 내는 것

종가매매 알려주면 손해라구요?
그냥 다 알려드릴게요.

진짜로 돈버는 사람들만 알고
있는 고도의 호가 심리전

하락 직전에 내가 낚이는 이유와
○○ 없는거 사면 큰일나는 이유

생활 리듬은 전략, 출금 습관이 해자를 만든다

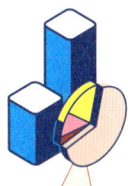

수익이 나면 절반은 무조건 뺍니다.
금액이 아니라 습관이 저를 지켜줬습니다.

군 복무 중에도 주식투자를 하셨습니다. 어떻게 하신 건가요?

▶▶ 저는 대체복무를 했습니다. 군인 신분이긴 해도 사실상 출퇴근을 하는 직장 생활과 다를 바 없었죠. 오전에 주어진 업무를 처리하고 나면, 오후에는 업무 강도가 부쩍 약해졌어요. 그러다 보니 오후에 제 개인 시간이 꽤 생겼고, 자연스럽게 그 시간에 매매를 하게 되면서 제 스타일이 '종가매매' 254쪽 [20] 참고로 굳어졌습니다. 원래부터 종가매매를 해야겠다고 생각한 것이 아니라, 제 생활 루틴에 맞춰 매매 습관이 잡힌 거죠. 출퇴근 의무가 있고 오후 시간이 여유로우니, 업무와 병행이 가능한 투자방식이 종가매매와 시간외매매였던 겁니다.

그러니까 생활 패턴이 매매 스타일을 만든 셈이네요?

▶▶ 네, 딱 그렇죠. 사람마다 매매 습관은 자기 생활 리듬에 맞추게 됩니다. 오전

장은 볼 것도, 움직이는 종목도 많지만, 종가매매는 장 마감이 가까워질수록 수급이 분산되기보다 특정 종목에 집중되는 경향이 있어요.

더욱이 장 막판엔 매수세가 매수세를, 매도세가 매도세를 부릅니다. 반대로 소외받는 종목은 끝까지 소외를 받죠. 다만 너무 많이 오른 종목은 다음 날 시가에 빠져나올 가능성이 높습니다. 당일 매매한 사람들을 포함해 보유자들의 차익실현 심리가 커지기 때문에, 상승폭이 적당한 종목을 고르거나 그 차익실현 심리를 이겨낼 정도로 시세의 연속성이 있는 종목을 고르는 것이 핵심입니다.

또, 분봉상 꾸준히 우상향하는 흐름이 나오는지 꼭 봐야 합니다. 장 막판의 탄력이 바로 다음 날 시초가 분위기를 결정하니까요. 종가 베팅 후 다음날 장 초반 매수세가 몰리면 성공으로 보고 버티지만, 반대로 매도세가 쏟아지면 실패로 보고 즉시 손절합니다. 실패 시에는 돌파를 보고 들어온 신규 매수자와 기존 보유자가 동시에 매도로 돌아서면서 매도 압력이 폭발적으로 커지거든요.

'현금 인출'이 리스크 관리의 시작

거래 내역을 보니 출금을 꽤 많이 하셨네요. 2천만 원 정도 출금하신 이유가 궁금합니다.

▶▶ 제가 에셋자산을 관리하는 방식이에요. 저는 한 번에 큰 비중을 베팅하기보다 쌓아가는 스타일을 선호합니다. 캐파매매 가능 금액를 억지로 늘리면 오히려 못 버티더라고요. 원래라면 견딜 수 있는 등락폭도, 금액이 커지면 심리적으로 압박을 느껴서 조기 매도를 하게 되죠.

특히 시장이 꺾이는 게 보이면, 그때부터 적극적으로 출금을 시작합니다. 장이 좋을 때는 캐파를 늘리고 과감하게 베팅도 해보지만, 지수와 투심이 약해지면 바로 현금 비중을 늘려요. 종목이 오르다가도 차익실현 매물에 눌려 바로 하락하는 구간이 많거든요. 위험자산임을 인정하고, 다른 계좌로 현금을 빼둡니다.

장 상황에 따라 캐파를 조절하신다는 말씀이네요. 중요한 포인트 같아요.

▶▶ 맞습니다. 이건 제가 계좌를 만든 첫날부터 지켜온 원칙이에요. 매주 혹은 매월 일정 금액을 출금하는 습관이 가장 중요하다고 봅니다. 스승님들과 선배 트레이더들도 "수익이 나면 현금을 뽑아라"라고 조언하셨죠. 그분들은 심지어 현금을 다발로 뽑아 책상 위에 올려두고 보셨대요. 그래야 '손실이 나면 이 돈이 사라진다'는 현실감이 생기니까요.

계좌 속 숫자는 그냥 숫자일 뿐, 손실을 당해도 체감이 잘 안됩니다. 하지만 현금을 실물로 보면 그 가치를 온몸으로 느끼게 돼요. 저는 한동안 현금을 직접 뽑아두기도 했고, 별도의 인출 전용 계좌도 운영했습니다. 최근에는 금리가 높아져서 파킹통장에 넣어 두고 이자까지 챙깁니다.

5천 원 벌어도 절반을 뺀다고요?

▶▶ 네. 처음 주식을 시작했을 땐 한 주에 5천 원을 벌어도 절반인 2,500원을 빼서 따로 모아뒀습니다. 그러면 이쪽 계좌에 조금씩 현금이 쌓이죠. 금액이 크든 적든 이렇게 모인 현금은 심리적으로 엄청 든든합니다. 그걸 보면서 '조금 더 적극적으로 매매해도 되겠다'는 자신감도 생기고요.

아직 경력이 길지 않은 분들께도 "에셋 관리가 매매 실력만큼 중요하다"는 말을 꼭 해드리고 싶습니다.

현재 운용할 수 있는 금액은 어느 정도 되나요?

▶▶ 저는 오전과 오후의 캐파가 완전히 다릅니다.

오전에는 한 종목에 최대 5천만 원입니다. 다른 분들에겐 큰 금액일 수 있지만, 전업 트레이더들 기준으론 '저 정도밖에 안 하나?' 할 수도 있는 규모죠. 오전장은 제가 약하다는 걸 알고 있고, 심리적으로도 크게 못 잡습니다.

오후에는 장세와 재료가 받쳐준다면 미수를 써서 한 종목에 최대 3억 원까지 매수합니다.

오전장에서는 왜 그렇게 보수적으로 매매하십니까?

▶▶ 오전장은 변동성이 크고, 데이터가 부족합니다. 개장 직후 10~20분 안에 종목을 판단하려면 정보량이 너무 적어요. 그래서 저는 오전 매매에서 큰 비중을 안 잡고, 주로 오후 종가매매를 위한 '준비 단계'로 생각합니다.

위의 이유로 인해 심리적인 부분에서 지고 들어가다 보니, 개인적인 경험으로는 오전 매매로 수익이 날 때보다 손실을 보는 경우가 더 많았습니다. 그렇다 하더라도 오전 시장을 완전히 버릴 수는 없고, 전천후가 되기 위해서 계속 시도하고 있습니다만 자신 없는 싸움에 제 모든 것을 걸지는 않습니다.

오전 매매에서 손실이 나도 오후에 회복할 수 있다는 자신감이 있으니 크게 스트레스를 받지는 않습니다.

성과가 이렇게 꾸준히 우상향하는 이유가 뭘까요?

▶▶ 현금 인출 계좌 운영이 가장 큰 원인입니다. 수익이 나면 일정 비율을 무조

건 빼서 다른 계좌에 옮겨놓습니다. 말씀드렸듯, 5천 원을 벌어도 절반은 빼는 식으로요. 이렇게 쌓인 현금이 심리적으로 방어막 역할을 해줍니다. 돈을 벌고 잃는 건 두 번째 문제고, '현금을 확보했다'는 사실이 꾸준함의 기반입니다.

현금 비중은 어떻게 유지 또는 관리하세요?

▶▶ 저는 현금도 하나의 종목이라고 봅니다. 계좌에 아무 종목이 없어도, 현금을 들고 있다는 건 '손실이 없다'는 뜻이니까요. 위험자산이라는 인식을 늘 유지하기 때문에, 포트폴리오를 주식으로 꽉 채우는 스타일은 아닙니다.

재능보다
습관으로 이긴다

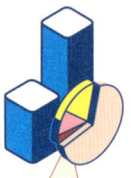

기사 내용이 시장에 먹히는 순간을 포착하면,
종가까지 흐름은 이미 정해집니다.

아직 20대이신데요. 젊은 나이에 전업투자를 결심한 이유가 무엇인가요?

▶▶ 아직 나이가 어리니 많은 경험을 해보고 싶다는 마음이 큽니다. 주식은 위험자산이라는 걸 늘 인식하고 있어요. 그래서 주식만 바라보는 게 아니라, 장기적으로는 안정적인 자산을 쌓을 수 있는 파이프라인을 만들어두고 싶습니다.

제 매매 루틴을 보시면 거의 '반 전업' 같은 스타일이에요. 오전장 잠깐 체크하고, 운동하고, 오후에 종가매매를 준비하는 식이죠. 회사 다니는 것보다 시간적 여유가 훨씬 많습니다. 이게 전업투자의 매력 중 하나죠. 그래서 전업투자라는 형태를 지금부터 미리 준비하고 있습니다.

이른 나이에 큰 성과를 이루셨는데, 타고난 재능이 있었던 건가요?

▶▶ 솔직히 저는 트레이딩 재능이 없다고 생각합니다. 단 한 번도 '나는 재능 있

는 트레이더다'라고 생각해본 적이 없어요.

다만, 제가 생각하는 저의 재능이라면 뉴스를 보는 습관입니다. 중·고등학교 때부터 뉴스를 매일 봤고, 정치·경제·산업 전반을 조금씩이라도 이해하려고 노력했어요. 그 덕분에 새로운 테마가 등장했을 때, 이해하는 속도가 빠릅니다. 예를 들어 이 테마는 어떤 산업이고, 어떤 종목이 수혜를 받을지 머릿속에서 금방 연결시킬 수 있죠.

그럼 잘 못하는 건 어떤 건가요?

▶▶ 저는 호가창을 읽는 능력이 부족합니다. 이 호가가 진짜 매수세인지, 단순한 허수인지 잘 구분 못해요. 그래서 초단타나 호가심리를 이용한 매매는 거의 하지 않습니다.

대신 제가 강점 있는 뉴스 기반 매매에 집중합니다. 이 뉴스가 주가에 얼마나 작용할 수 있을까를 가늠하고, 그 시나리오에 맞춰 진입하는 거죠.

속보와 과거 데이터가 맞아떨어질 때, 시세는 움직인다

뉴스를 보는 루틴이 따로 있나요?

▶▶ 저는 하루에 최소 세 번, 네이버 뉴스에서 '단독' 키워드를 꼭 검색합니다.

- 자기 전에 한 번
- 아침에 일어나서 한 번
- 장중에 한 번

왜 '단독'이냐고요? 제목에 '단독'이 붙은 기사는 대체로 자극적인 소재를 담고 있습니다. 시장은 이런 자극적인 재료에 빠르게 반응하죠. 심지어 제목에 없더라도 본문 내용에 '단독'이나 '독점'이 들어가면 검색으로 걸러집니다.

'단독'이라도 종목에 좋다는 뜻은 아니잖아요?

▶▶ 맞습니다. '단독'이라고 무조건 매수하는 게 아니라, 시장의 심리를 읽는 신호로 씁니다. 단독 기사는 대체로 강한 어조와 속보성을 띠어서, 투자자들의 궁금증과 기대감을 자극합니다.

저는 과거 매매 경험에서, "이 정도 재료면 이 정도의 변동이 나온다"는 데이터와 감각을 쌓아왔습니다. 그래서 기사 내용을 확인한 뒤, "이건 시장이 받아줄 재료다" 싶으면 진입합니다.

예를 들어 전자신문에서 '전기차 무선충전기 허가제 폐지, 7월부터 전국 설치'라는 기사가 오후 2시 30분에 나왔습니다. 기사에 따르면 정부가 인증제도를 시행하고, 제네시스와 시범 사업을 진행 중이며, 상용화를 앞당긴다고 했죠. 저는 바로 네이버에서 '유라테크 특징주'를 검색했습니다. 과거에 '제네시스 세계 최초 무선 충전 탑재' 관련주로 주가가 오른 전력이 있었거든요. 즉, 제네시스 관련주이자 무선충전 핵심주라는 겁니다.

기사가 나온 시점과 거의 동시에 시세가 움직이기 시작했습니다. 종가 무렵까지 매수세가 매수세를 부르는 흐름이 이어졌죠.

결과적으로, 유라테크는 시가 대비 종가까지 약 16% 상승했고, 장 마감 후 시간외 상한가까지 갔습니다. 차트만 보면 상승폭이 크지 않아 보일 수 있지만, 사실상 장중 상한가에 준하는 흐름이었죠. 거기에 장 마감 후 시간외 상한가까지 갔습니다. 이런 경우가 뉴스와 과거 데이터 매칭이 맞아떨어진 예입니다.

이런 매매에서 핵심은 뭐라고 보세요?

▶▶ 첫째, 뉴스 타이밍입니다. 오후 2시 30분이라는 시각은 종가매매 진입 시기와 맞물려 있습니다. 둘째, 과거 데이터 매칭입니다. 예전에 어떤 재료로 어떤 종목이 움직였는지 기억하고 있어야 합니다. 셋째, 종가 매수세 흐름입니다. 장 막판까지 매수세가 이어진다면, 그 심리가 다음 날 시초가에도 반영될 확률이 높습니다.

뉴스 필터링과 테마별 종목 관리

오전 준비 과정에서 기사를 어디서, 어떻게 주로 보시나요?

▶▶ 저는 키움증권 영웅문 HTS의 신호 관리자 기능을 적극 활용합니다.
0700 화면과 연동해서, 제가 지정한 중요 키워드가 포함된 기사만 자동으로 추려서 보여주도록 세팅해 둡니다. 뉴스가 너무 많으면 선별이 어렵기 때문에 필터링 단계를 거치는 거죠. 다만 이 방식도 완벽하진 않아요. 가끔 중요한 뉴스를 놓치기도 하지만, 전체 효율을 생각하면 훨씬 낫습니다.

필터링 기준은 어떻게 정하시나요?

▶▶ 단어 포함 신호를 설정합니다. 예를 들어 최근에는 '엔비디아'가 핫했으니 이 키워드가 기사에 들어가면 바로 화면에 뜨도록 세팅합니다. '단독'이라는 단어도 등록해 두고요.
이 키워드는 매번 바뀝니다. 연초엔 'AI'가 화제였다가, 이후 '반도체', '로봇'으로 넘어가고, 중간중간 '우크라이나', '러시아' 등 지정학적 이슈 키워드도 넣

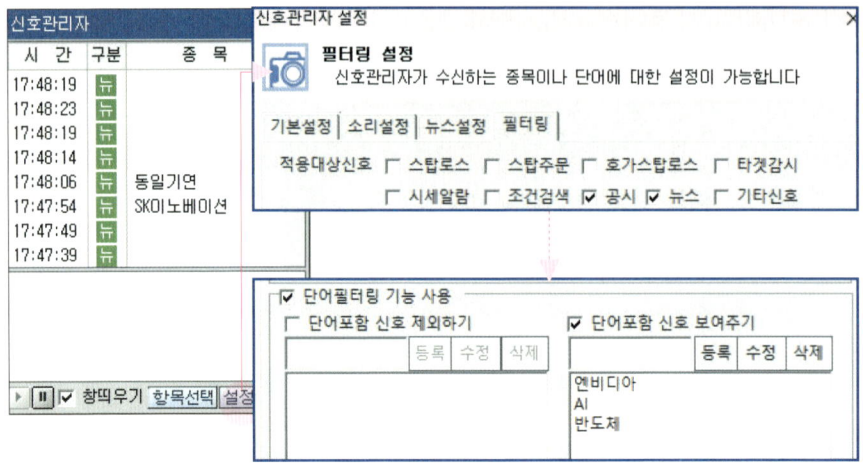

그림 14 신호관리자에서 필터링을 설정하면 특정 단어에 대한 알림을 받을 수 있다. 출처 : 영웅문 HTS/MTS

었습니다.

특히 제가 가장 주목하는 건 대통령정부 발언 키워드입니다. 이런 재료는 즉시성과 시장 영향력이 크기 때문에 1분 1초라도 빨리 포착해야 합니다.

해외 시장도 참고하시는군요.

▶▶ 반드시 봅니다. 특히 서머타임일 때는 미국 개별 종목 거래가 오후 5시에 시작되는데, 이때 우리나라 시간외 단일가가 1시간 남아 있습니다.

예를 들어 미국장에서 AI 관련주가 급등하면, 시간외 단일가에서 국내 AI 관련주를 홀드하거나 추가 매수할 수도 있습니다. 다음 날 아침, 미국발 뉴스와 함께 국내 개장 시 갭 상승이 나올 가능성이 크거든요.

반대로 미국 선물이 급락하면, 시간외 단일가에서 보유 종목을 분할 매도해 현금으로 넘기는 전략을 씁니다.

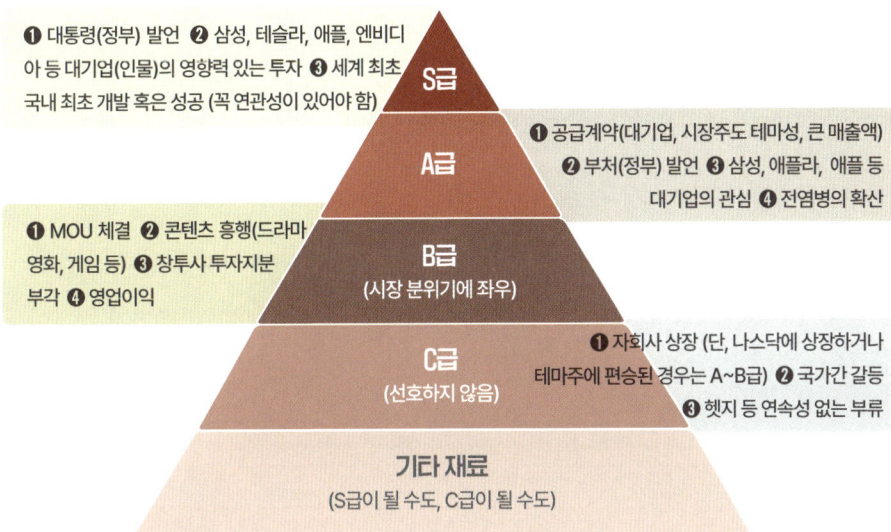

그림 15 재료의 등급
출처: 청사진 트레이더 개인 자료

종목 관리는 어떻게 하시나요?

▶▶ 저는 관심종목 리스트를 테마별로 세분화해서 관리합니다.
예를 들면 이런 식입니다.

- 이차전지 양극재 / 음극재 / 전고체 / 기타 부품
- AI   반도체 설비 / 소프트웨어 / 인프라 / 로봇
- 기타 테마 네옴시티 / 가상화폐 / 우크라이나 재건 관련 등

이렇게 세분화하면, 기사가 나왔을 때 종목을 찾는 속도가 훨씬 빨라집니다. 뉴스 나온 뒤에 종목을 찾으면 이미 늦습니다.

'신규 테마' 폴더도 따로 두셨다고요?

▶▶ 네. 한 번 부각되었지만 확실히 자리 잡지 못한 종목들을 넣어둡니다. 이런 종목은 잠깐 반짝하다가 바로 소외될 수 있어서, 테마가 명확해질 때 본 리스트로 승격합니다. 반대로, 소외받는 느낌이 들면 바로 삭제합니다. 테마 내에서도 '대장주'를 맨 위에 두고, 주기적으로 순서를 조정합니다. 이렇게 하다 보면 단축키로 화면 전환하는 속도까지 손에 익어서, 뉴스-차트-매수 버튼까지 흐름이 빨라집니다.

승부의 자리를
골라내는 조건

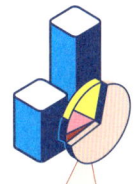

먹을 폭이 줄더라도,
1% 이상 확실히 먹을 수 있는 자리만 진입합니다.

기술적 분석도 하시나요?

▶▶ 네, 안 할 수가 없습니다. 단기매매를 하려면 차트를 반드시 봐야 해요. 저는 일분봉과 일봉을 항상 동시에 띄워둡니다. 다른 분들은 3분봉, 5분봉을 보기도 하지만, 저는 일분봉이 제 스타일에 맞습니다.

일봉은 화면이 작아도 반드시 켜두고, 앞에 매물대가 있는지 여부를 항상 확인합니다. 특히 종가 베팅할 때는 매물대 유무가 시세 탄력에 큰 차이를 만듭니다. 재료가 아무리 좋아도 강한 매물대가 버티고 있으면 상승이 둔화될 수밖에 없습니다.

거래량보다 거래대금을 더 본다고 하셨죠?

▶▶ 맞습니다. 저는 일봉 차트에 거래대금을 표시합니다. 거래량과 거래대금은

수학적으로 같지만 주가×거래량, 거래대금이 시가총액 대비 얼마나 들어왔는지 보는 게 더 직관적입니다. 키움증권 HTS에서 거래대금 표시를 활성화해두면 계산 시간을 줄일 수 있습니다.

분할매수는 어떻게 하시나요?

▶▶ 종목과 시간대에 따라 다릅니다. 저는 주로 호가창에 매수 주문을 깔아두는 방식을 씁니다. 예를 들어 2천만 원씩 나눠서 몇 호가 밑에 걸어두는 거죠. 그런데 이렇게 깔아둬도, 종목이 너무 가볍거나 '잡주'처럼 움직이면 주문이 안 채워질 때가 많습니다. 이런 종목은 팔 때도 어렵기 때문에, 동시호가 비중을 줄여서 리스크를 관리합니다.

실제 사례로, 한 종목에서 종가 베팅 후 시간외 단일가 VI 255쪽 25 참고가 발동되면서 4시 12분에 +16% 체결이 됐습니다. 이때도 전체 수익률은 +16%였지만, 일부는 VI 직전에 분할 매도로 정리했습니다. '아쉬움이 남더라도 리스크는 줄인다'라는 게 제 원칙입니다.

차트를 보니 매수 포인트가 일정한 것 같습니다. 이동평균선 지지를 보시나요?

▶▶ 네, 봅니다. 다만 단순히 이평선만 보는 게 아니라 분봉상의 지지·저항, 그리고 가격 낙차를 함께 봅니다.

단기매매에서 추세 판단에 가장 중요하게 보는 것은 5분선과 10분선이고, 20분선을 마지막 방어선으로 삼습니다. 20분선을 크게 이탈하면 시세가 다시 올라오기 쉽지 않다고 판단합니다

종가 베팅할 때는 기준이 다릅니까?

▶▶ 그렇죠. 오전장은 개장한 지 10~20분밖에 안 돼서 분봉 데이터가 적습니다. 예를 들어 12분이 지나면 분봉이 12개밖에 없죠. 이 짧은 데이터로 지지·저항을 잡는 건 제 스타일에선 무리입니다.

그래서 오전은 '외바닥'을 잡고, 오후는 '쌍바닥'을 잡는 식으로 접근합니다. 오전에는 변동성 초입을, 오후에는 이미 확인된 지지·저항 구간을 활용하는 것입니다.

지지·저항을 어떻게 찾아내시나요?

▶▶ 간단합니다. 앞서 많이 횡보한 가격 구간을 체크하는 거예요. 그 구간이 지지선이 되기도 하고, 돌파 후에는 저항선이 되기도 합니다.

저는 먹을 폭이 줄더라도 확실히 1% 이상 먹을 수 있는 자리만 진입합니다. 좋은 재료가 붙었을 때는 비중을 실을 줄도 알아야 합니다.

종목 선정과 진입 타이밍 : 시장에 순응하라

인터뷰 중인 현재 오후장에 들어섰습니다. 종목은 어떻게 찾기 시작하나요?

▶▶ 오전에 이미 체크해둔 종목이 있습니다. 예를 들어 오늘은 라온텍과 백광산업을 관심종목에 넣어둔 상태였어요. 오전에 라온텍은 종가가 괜찮아 보이면 들어가겠다고 생각했고, 백광산업은 차트와 재료를 보고 종가 베팅 후보로 점찍어뒀습니다.

그런데 바로 진입하지 않으셨네요?

▶▶ 네. 지금 시간이 2시 21분, 종가까지 1시간 이상 남았기 때문에 너무 이른 진입은 리스크가 있습니다. 단기매매의 장점은 주식을 짧은 시간 보유한 후 매도하여 수익실현을 하는 것이기 때문입니다.

　오후장 매매는 이르면 2시 30분부터 진입을 하나, 2시 50분~3시 이후에 진입하는 걸 선호합니다. 이르게 사면 리스크를 쥐는 대신 리턴이 클 때가 많고, 늦게 사면 조금 덜 리스크를 쥐는 대신 리턴이 적은 경우가 많습니다. 그렇기에 제가 생각하는 가격대나, 시간대가 오기 이전에는 종목이 어떻게 움직이는지 계속 체크하면서, 지지·저항 구간이 유지되는지 확인합니다.

지지·저항 구간을 어떻게 설정하셨나요?

▶▶ 오늘 백광산업은 8,100원~8,400원 바운더리 안에서 움직이고 있었어요. 이 구간을 크게 이탈하지 않으면 종가 베팅으로 접근할 수 있습니다. 일봉을 보면 5월 30일 전고점 8,150원이 중요한 포인트입니다. 현재가 8,200원 부근이면, 전고점을 돌파한 상태이면서 지지력도 확인된 것이죠.

재료 면에서는 어땠나요?

▶▶ 백광산업은 이차전지 테마 종목입니다. 오늘 오후 1시 19분, '새만금에 5조 원 추가 투자' 뉴스가 나왔어요. 시장이 좋아하는 핵심 키워드죠. 다만 이 종목은 갭 상승 폭이 크지 않은 편이어서, 만약 진입한다면 오버나이트_{매수 후 익일까지} 보유 전략도 고려합니다.

지금이 고가 직전으로 가기 전인데, 사고 싶은 욕구가 생기지 않나요?

▶▶ 당연히 생기죠. 특히 차트가 방향을 잡으려는 모습이 보이면, '나 빼고 다 간다'는 생각이 스멀스멀 올라옵니다. 하지만 종가까지 40분 남았다면, 지금 사서는 버티기가 어렵습니다. 제 매매 원칙 중 하나는 '정해진 시간 외에는 절대 진입하지 않는다'입니다.

종가매매는 직전의 횡보한 구간을 통해 내게 유리한 포지션을 잡는 과정입니다. 그런데 고가권으로 간다 하여 추격매수를 하여 불리한 포지션이 잡힌다면 장 마감까지 버티기도 힘들거니와, 대부분의 경우 수익의 폭이 그렇게 크지도 않습니다. 리스크도 쥐고, 리턴도 적게 가져가는 케이스가 많은 거죠.

그래서 제가 유리한 포지션을 잡지 못했다면, 안 하면 안 했지 억지로 쥐어짜내서 매매를 하지는 않습니다. 매매할 종목은 내일 나올 수도 있고, 내일이 아니더라도 모레 나올 수도 있는 거니까요.

그래도 종가매매는 시드가 크면 유리하지 않나요?

▶▶ 꼭 그렇진 않습니다. 오히려 시드가 작을 때가 더 자유롭다고 생각해요. 시드가 크면 소형주 같은 종목엔 진입이 어렵습니다. 예를 들어 어제 유라테크를 종가에 매수했을 때 잘 풀렸지만, 시드가 몇억씩이라면 투심이 꺾였을 때 매도할 곳이 없는 상황이 생깁니다. 시드가 작으면 회전율을 높이고, 종목 선택 폭이 넓어집니다.

반면 시드가 커지면 종목 선택의 한계와 매수·매도의 제한이 분명히 존재합니다. 일정 금액 이상은 소형 테마주를 매매하기에 힘든 부분이 있습니다. 기동성이 떨어진다고 표현하죠. 외국인·기관들은 물론이고 시장의 큰손들이 대형주나 거래대금이 큰 종목들에서만 플레이하는 이유이기도 합니다. 호가를 받아준다고 표현하는데, 변동은 테마주에 비해 적지만 매매 물량을 받아주므로 테마주를 매매하는 것보다 비중을 실어서 대형주를 매매하는 편이 더 낫기 때문입니다. 큰 트레이더가 되기 위해서는 결국 이러한 방식을 지향하는 게 맞다고 생각합니다. 다만, 그 길로 가기 전까지는 여러 종목을 매매해보면서 경험을 쌓아나가고, 그 과정에서 시드에 따라 종목이나 본인의 매매법도 달라져야 한다는 것을 인지하고 있어야 합니다.

종목을 고르는 기준은 무엇인가요?

▶▶ 단순합니다. 시장에 순응하는 겁니다. 오늘 시장이 명확히 방향성을 보여주면 자신 있게 들어가지만, 그렇지 않으면 아무것도 안 하고 끝내는 날도 많아요. 리스트에 넣어두고 보고 있던 종목이라도, 장이 모호하다면 종가매매 자체를 포기합니다. 수익이 난 상태라면 굳이 욕심을 부리지 않습니다.

당일 손실은 3분의 1만 복구되면 미련을 버려라

종가매매의 진짜 매수세는 언제 들어오나요?

▶▶ 제 경험상 장 마감 5분 전이 본게임입니다. 그중에서도 마지막 2분이 피날레죠. 왜냐하면 종가 베팅은 차트상 일봉을 완성시키는 과정인데, 오후 3시 15~20분과 동시호가에 들어온 매수세가 일봉상의 캔들을 완성하고, 그 힘이 다음 날 시초가에 이어집니다. 따라서 오후 1시 반이나 2시에 매수해 3시 반에 파는 건 '오후장 매매'일 뿐, 진짜 종가 베팅이 아닙니다.

오전 매매를 연습한다고 했는데, 손실이 나면 어떻게 하세요?

▶▶ 오전에 손실이 나도 오후에 회복할 수 있다는 자신감이 있습니다. 종가매매라는 '무기'가 있기 때문에, 심리적으로 안정이 되죠. 오후에도 손실이 이어진다면, 그냥 다음 날로 넘깁니다. '오늘은 여기까지'라고 선을 긋는 습관이 생겼습니다.

손실이 나면 '오늘 안에 복구해야겠다'는 생각이 들지 않나요?

▶▶ 그 마음, 다 알죠. 하지만 당일 복구는 절대 안 됩니다. 해봤자 더 큰 손실을 부르는 경우가 훨씬 많아요. 한 번 복구에 성공하면, 다음엔 '지난번에도 했으니까 이번에도 된다'라는 위험한 자신감이 생겨버립니다. 그게 독이 됩니다.

그렇다면 손실 복구는 어떤 원칙에 따라 이루어지나요?

▶▶ 예를 들어 시드 1천만 원으로 매매를 하다가, 200만 원의 손실이 났다고 합시다. 대다수의 사람은 이를 메우려고 기존 매수 규모보다 더 늘려서 매수를 하지만, 이는 손실을 눈덩이처럼 불어나게 할 뿐입니다.

저도 처음 매매했을 당시, 큰 손실에 나도 모르게 시세에 빠져들게 되어 적정 수준 이상의 손실을 본 적이 여러 번 있습니다. 그럴 때 제가 주변에서 많이 들었던 조언은 다음과 같습니다. "매수 규모를 줄이고, 손실을 전부 만회하려 하기보다는 3분의 1 정도만 복구를 시도해라." 즉, 손실이 날수록 다음 기회를 노리고, 당일에는 너무 과열된 본인에게서 벗어나 이성적으로 바라볼 수 있는 시간을 가지려고 합니다.

시간외 단일가 매매의 기술

시간외 단일가 매매를 할 때, 무엇을 주의해야 하나요?

▶▶ 제일 먼저 알아야 할 건, 체결이 10분 단위로 이뤄진다는 점입니다. 예를 들어 9분 59초까지는 허수주문255쪽 23 참고이 버젓이 걸려 있을 수 있습니다. 상한가 예상 체결가를 보고 들어가도, 10분이 지나면 그 물량이 싹 빠져버릴 수 있다는 거죠.

저는 이걸 정규장 마감 직전 매수세와 비교합니다. 정규장은 장 마감 3~5분 전에 진짜 매수세가 들어오지만, 시간외 단일가는 체결 직전 9분 59초에야 매수세가 들어옵니다. 그전에는 그냥 '신기루'일 뿐이에요.

허수주문은 어떻게 구분하나요?

▶▶ 100% 구분은 어렵지만, 경험상 매수세가 매도세의 3~4배 이상이어야 어느 정도 신뢰할 수 있습니다. 그보다 적으면 허수 가능성이 큽니다. 특히 매수세가 많아 보이는데, 막상 39분 59초에 취소되는 경우도 많습니다.

그래서 저는 시간외 단일가를 할 때 재료 없는 종목은 절대 매매하지 말라고 말합니다. 재료 없는 상한가는 유지가 어렵고, 시장이 나쁘면 상한가에서 보합까지 밀려버리기도 합니다. 이 경우, 상한가 매수자는 다음 날 시초가에서 -10%를 맞을 수도 있습니다.

그렇다면 시간외 단일가 매매는 어떤 전략으로 접근하시나요?

▶▶ 다음 세 가지를 기준으로 접근합니다. 첫째, 재료의 질과 지속성을 먼저 판단합니다. 둘째, 매수·매도 잔량 비율을 보고 허수 여부를 가늠합니다. 셋째, 체

결 직전 매수세 변화에 따라 물량을 줄이거나, 아예 포기합니다. 시간외 단일가는 정규장보다 훨씬 거래가 없기 때문에 시세의 왜곡이 크게 발생합니다. 그렇기 때문에 해당 종목의 상승 명분이 스스로 납득가지 않는다면 과감하게 포기하는 것이 가장 현명한 판단입니다.

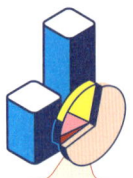

욕심을 버리고 시장을 인정하라

단기매매라 하더라도 '이 종목을 사야 하는 이유'를 스스로 설득할 수 있어야 해요.
그래야 감정에 휘둘리지 않고 계획대로 대응할 수 있습니다.

자신만의 무기를 찾는 것이 중요하다고 하셨습니다. 그 방법을 알려주실 수 있나요?

▶▶ 네. 저는 종가매매가 제 무기입니다. 하지만 처음부터 그걸 잘했던 건 아닙니다.

 무기를 찾는 방법은 잘하는 걸 찾기보다 못하는 걸 버리는 것입니다. 예를 들어 저는 시가 베팅, 낙주매매254쪽 13 참고를 잘 못합니다. 해보면 항상 손실이 났어요. 그래서 아예 제외했습니다. 못하는 걸 하나씩 배제하다 보면, 마지막에 남는 게 잘하는 겁니다. 저에겐 그게 종가매매였습니다.

나이에 비해 욕심이 없어 보이시네요.

▶▶ 솔직히 그렇습니다. 원래도 욕심이 많은 성격은 아니었어요. 저는 스트레

스를 받으면서까지 시드를 무리하게 키우고 싶지 않습니다. 지금의 시드가 제 열정과 애정을 쏟아부으면서도 스트레스 없이 매매할 수 있는 규모라고 생각합니다.

계좌는 어떤 식으로 운용하시나요?

▶▶ 저는 추가 입금은 거의 하지 않고, 출금만 합니다. 어제도 계좌를 공개했는데 입금 내역이 전혀 없었어요. 수익이 나면 일정 부분은 바로 출금해서 심리적 부담을 줄입니다. 계좌에 돈이 많아지면 오히려 욕심이 생겨서 무리하게 베팅하게 되거든요.

일정이 빼곡한 캘린더를 봤습니다. 직접 정리하신 건가요?

▶▶ 네. 증시 일정을 전부 직접 정리합니다. 누가 대신 정리해 준 걸 베끼지 않아요. 뉴스 속 본문에는 중요한 일정 정보가 숨어 있는데, 사람들은 제목만 보고 넘어가는 경우가 많습니다. 그러면 중요한 기회를 놓치게 되죠.

남이 정리해준 자료를 참고하는 건 어떤가요?

▶▶ 초반에는 남이 만든 걸 참고하는 게 좋습니다. 하지만 거기에 의존해서는 안 됩니다. 남의 자료는 벤치마킹만 하고, 시간이 지나면 자기만의 정리 방식을 만들어야 합니다. 그래야 데이터가 내 머릿속에 제대로 들어오고, 나만의 매매 감각이 생깁니다.

요즘 유튜브나 방송에서 추천하는 종목을 매수하는 분들이 많습니다. 이에 대해 조언해 주신다면요?

▶▶ 저는 절대 추천주를 그대로 사지 말라고 말합니다. 추천주로 수익이 날 수도 있죠. 하지만 언제 팔아야 할지, 재료가 언제 소멸될지 아무도 보장하지 않습니다. 그 종목이 손실로 전환돼도, 추천해준 사람은 책임지지 않아요.

반면, 내가 스스로 발굴한 종목이라면, 손실이 나도 그 과정에서 배운 게 남습니다. 다음에 더 나은 선택을 할 수 있죠.

매매할 때 반드시 지키는 원칙은 무엇인가요?

▶▶ 매수할 때는 근거가 여러 개 있어야 합니다. 그래야 주가가 흔들려도 버틸 수 있습니다. 매수 근거는 차트, 재료, 수급 — 이 세 가지입니다. 그중에서도 저는 재료를 최우선으로 둡니다. 무조건 재료 상승에 대한 명분이 있어야 합니다. 재료가 강하면 매물대나 단기 조정도 돌파할 힘이 생깁니다.

단기매매라 하더라도 '이 종목을 사야 하는 이유'를 스스로 설득할 수 있어야 해요. 그래야 감정에 휘둘리지 않고 계획대로 대응할 수 있습니다.

재료의 힘을 판단하려면 경험이 필요하겠네요.

▶▶ 맞습니다. 종가매매를 연습하는 분들은 '이 재료가 주가에 어느 정도 영향을 줄까'를 눈으로 많이 보고 경험을 쌓아야 합니다.

저도 주식 시작할 때는 '마우스 몇 번 클릭하면 돈 버는 거 아닌가?'라는 단순한 생각을 했습니다. 그런데 실제로는 보여지는 매매 화면 뒤에, 재료 분석·과거 데이터·심리전 등 수많은 과정이 숨어 있더군요.

지금도 많은 분들이 수익만 보지만, 저는 그 뒷단의 과정을 더 중시합니다.

주식 테마 중에서 꺼렸던 분야가 있었나요?

▶▶ 처음에는 정치 테마주를 이해하지 못했습니다. "이게 주식이랑 무슨 상관이지?"라는 생각이었죠. 하지만 시장에서 정치 테마주는 '테마주의 꽃'이라고 불릴 만큼 큰 움직임을 만듭니다. 시장에서 그렇게 인지하고 있으니 인정하고 받아들이는 태도를 갖게 됐습니다. 내 고집을 꺾고 시장에 순응하는 것은 주식 시장에서 가장 필요한 자세가 아닐까 생각합니다. 물론 그렇다고 해서 리스크가 큰 정치주를 매매하는 것을 선호하지는 않지만, 정치주 또한 왜 정치주로 인식되는지에 대한 이유를 파악합니다.

스캘핑 같은 초단타 매매를 하는 분들에 대해 어떻게 생각하시나요?

▶▶ 저는 긍정적으로 생각합니다. 단타 트레이더들은 시장에 유동성을 공급하는 필수 존재입니다. 그런데 일부 투자자들이 '단타쟁이들 때문에 종목이 못 오른다'고 오해하는 경우가 있어요.

종목이 정말 좋은 재료를 갖고 있다면, 상한가가 풀려도 다시 상한가를 잠글 힘이 있어야 합니다. 만약 단타 수급 때문에 빠진 것처럼 보인다면, 사실은 재료의 힘이 그 정도에 불과하다는 뜻입니다. 즉, 하락의 원인을 단타 탓으로만 돌리는 건 본질을 흐리는 해석입니다.

단타 매매가 시장에 주는 긍정적인 효과가 있나요?

▶▶ 네. 유동성이 풍부해지면 호가 간격이 좁아지고, 매수·매도 체결이 원활해집니다. 장중 변동성도 커져서, 오히려 빠른 매매를 하는 트레이더들에겐 기회가 많아집니다. 단타 매매가 없으면 시장이 더 건조해지고, 재료가 있어도 가격 반응이 더뎌질 수 있습니다.

주식시장은 어떤 곳이라고 생각하시나요?

▶▶ 잔인하지만 평등한 곳입니다. 경력, 나이, 자본 규모와 상관없이 같은 종목, 같은 시점에서 서로 싸워 이겨야 하는 시장이죠. 예를 들어, 저와 수십 년 경력의 베테랑 트레이더가 동시에 같은 종목을 매매하고 있을 수 있습니다. 그 순간만큼은 완전히 동등한 조건에서 경쟁하는 겁니다.

장 막판엔 어떻게 마무리하시나요?

▶▶ 저는 장이 끝나기 직전에 세 종목의 차트를 보고, 상황에 맞춰 시장가 매도로 정리합니다. 예를 들어 재료 분석상 '이 정도면 됐다'는 판단이 들면 바로 던집니다. 장중에 누군가가 인위적으로 끌어올린 것 같을 때도, 재료가 얇다고 느껴지면 미련 없이 매도합니다. 장 종료 후엔 차트를 보지 않고, 커피를 마시거나 카페에 가서 머리를 식힙니다.

청사진 트레이더의 **투자 원칙**

1. **현금을 하나의 종목처럼 관리하라.** 계좌 속 숫자는 현실감이 없지만, 실물 현금은 손실에 대한 경각심을 일깨워준다.

2. **못하는 것을 버리고, 잘하는 것을 무기로 삼아라.** 모든 매매를 잘할 필요는 없다. 자신에게 맞지 않는 매매 방식을 과감히 버리고, 가장 잘하는 한 가지를 찾아 집중하라.

3. **'뉴스'와 '과거 데이터'를 연결하라.** '단독'이나 '정부 발언' 같은 핵심 키워드를 포착하고, 과거 데이터와 매칭해 시장의 심리를 읽어라.

4. **오전장은 훈련, 오후장은 실전으로 나눠라.** 변동성이 큰 오전 매매는 스킬 연습용으로, 데이터가 쌓이는 오후 종가매매는 확신 있는 베팅용으로 활용한다.

5. **재료의 힘과 매물대를 파악하라.** 재료가 아무리 좋아도 강한 매물대가 버티면 상승이 둔화된다. 매수 전 매물대와 거래대금을 반드시 확인하라.

전설적인 귀환, 시장의 안팎을 꿰뚫는
노련한 승부사

PART 4
트레이더
방배동선수

스윙

> 투자에서 성공하는 데
> 필요한 건 높은 지능이
> 아니다.
> 지능보다 중요한 것은
> 충동을 스스로 다스릴 수
> 있는 성격이다.
>
> 워런 버핏
> 1999년 <비즈니스위크> 인터뷰 중에서

- 본 도서에 기재된 모든 내용은 투자자에게 일반적인 투자정보 제공을 목적으로 배포되는 것입니다. 따라서 개별종목에 대한 추천이 아니며 투자판단의 최종 책임은 고객 본인에게 있습니다. 어떠한 경우에도 도서에서 제공되는 내용이 고객의 투자결과에 대한 법적 책임소재의 증빙자료로 사용할 수 없습니다.
- 본 도서는 투자자의 투자를 돕기 위해 제작된 당사의 저작물이며 어떠한 경우에도 복사, 전송, 변형될 수 없습니다.
- 본 도서는 당사가 신뢰할 만하다고 판단되는 정보와 자료에 기초하여 작성된 것이나, 그 정확성이나 완전성을 보장할 수 없습니다. 본 도서에 포함된 내용은 작성일의 판단을 반영한 것이며, 추후에 그 내용 및 정확성이 변경될 수 있습니다.

    25년 전 증권사에 입사하며 시장의 안팎을 모두 경험했던 방배동선수 님. 오랜 공백기를 거쳐 2020년 다시 매매를 시작한 그는, 과거 대학생 시절 수익률 대회 입상으로 업계에 발을 들였던 그 실력을 다시 한번 증명해 냈습니다. 2022년 키움영웅전 1억 리그 참가 361%, 2021년 키움영웅전 3천 리그 참가 580% 라는 경이로운 수익률을 기록하며 우승을 차지, 변함없는 시장 감각을 과시했죠.

    방배동선수 님의 매매는 화려한 단타나 빠른 손놀림에 의존하지 않습니다. 오히려 '뉴스가 내일도 통할지 판단하는 능력'과 '빈집 털이처럼 먼저 매수하는 전략'에 기반합니다. HTS 대신 손에 익은 스마트폰으로만 매매하며, 남들보다 먼저 섹터의 움직임을 읽어 선점하고, 눌림목에서 기회를 잡으며, 철저한 손절로 위험을 통제하는 고유한 매매 스타일을 확립했습니다.

그의 가장 큰 강점은 멘탈 컨트롤입니다. "하루에 10만 원 수익도 수익"이라는 태도로, 손실을 만회하려는 조급함 대신 계획적인 복구 전략을 펼칩니다. 1천만 원 손실이 발생해도 "하루 50만 원씩 20일만 벌면 회복할 수 있다"며 여유를 잃지 않는 모습에서 그의 흔들림 없는 매매 철학을 엿볼 수 있습니다.

이번 인터뷰에서는 방배동선수 님이 어떻게 뉴스의 연속성을 판단하고, 시장 흐름을 미리 선점하며, 실수를 빠르게 인정하고 손절하는지 자세히 살펴보겠습니다. 그의 이야기는 초보자부터 숙련자까지 모든 투자자에게 시장을 대하는 올바른 태도의 중요성을 일깨워줄 것입니다.

영상 보러가기

증권사 출신 노장이 말하는 투자의 정석

시장의 리듬을 읽고 눌림목에서 기회를 찾아라

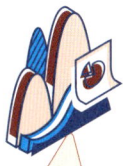

일반 상식이 아닌 주식시장에 적용되는 상식들에 대한 생각과 고민, 공부를 계속해야 합니다.

직장 생활과 투자를 병행하고 계시다고 들었습니다. 매매 환경은 어떠신가요?

▶▶ 네, 맞교대를 하고있는 현업직으로 근무하고 있어서 쉬는 시간에 시장을 제대로 보며 매매할 수 있습니다. 자연스럽게 모바일 MTS로 매매하는 습관이 생겼고요. 또한, 당직을 자주 서는데 당직 후에 이틀 간의 휴무가 주어져서 그때 집중해서 매매를 하고 있습니다.

2020년부터 모바일 매매를 시작했는데, 키움 계좌 매매도 100% 핸드폰으로 진행했습니다. 특히 키움증권 MTS의 기능이 뛰어나 주문이 편리하고, HTS 못지않게 정교한 매매가 가능합니다.

오랜 기간 주식시장에 몸담아 오셨다고 들었습니다. 투자 경력과 공백기를 거쳐 돌아오신 계기가 궁금합니다.

▶▶ 사실 나이가 좀 있는 편입니다. 25년 전 증권회사에 다녔으니, 주식투자를 시작한 건 꽤 오래됐죠. 2000년 전후 대학생 수익률 대회에 입상하면서 증권업계에 입문했습니다. 그 후 오랫동안 공백기가 있었고, 본격적으로 트레이딩을 다시 시작한 건 2020년부터입니다.

처음 1년은 정말 고생했습니다. 과거와 현재의 시장 스타일이 완전히 달랐거든요. 옛날 시장에 익숙한 제게 요즘 시장의 빠른 흐름에 적응하는 것이 쉽지 않았지만, 2020년 후반기부터 수익을 내기 시작했습니다.

실전투자대회에 참여해 우승까지 하셨습니다. 특별한 계기가 있었나요?

▶▶ 2021년에 키움증권 대회에서 수익률 580.22%로 1위를 했지만, 타 계좌와 중복 종목매매 문제가 생겨 수상이 무산됐었습니다. 한국거래소의 심사에서 탈락했었죠. 농담처럼 '거기에 한이 맺혔다'고 말하곤 합니다. (웃음)

수익률 100% 정도는 낼 수 있을 것 같아서 10위권을 목표로 했어요. 대학생 시절 수익률 대회 입상을 통해 증권업계에 입사했던 경험도 있고, 옛 추억과 함께 스스로 동기부여를 하고 싶었습니다.

어떤 매매 스타일을 가지고 계신가요? 스캘핑인가요?

▶▶ 아뇨, 전혀 아닙니다. 스캘핑254쪽 19 참고은 할 줄도 모르고, 여건상으로도 불가능합니다. 아무리 여유로운 직장이라도 초단타 매매는 힘들거든요. 요즘 많이들 하시는 돌파매매254쪽 17 참고 같은 것도 거의 안 합니다.

저는 기본적으로 오를 만한 종목이나 섹터가 조정받을 때 진입하는 스타일이에요. 매수할 때 거의 90% 이상을 매수 호가에 받쳐놓고 내려오는 걸 기다립니다. 이른바 눌림목253쪽 2 참고 매수죠.

시장의 흐름이나 뉴스를 꼼꼼히 챙겨보고, '빠르면 오늘 오후, 늦어도 내일이나 모레쯤 돈이 몰릴 것 같다'고 판단되면 미리 진입하는 방식입니다. 지인들에게는 '빈집 털이 전문'이라고 농담하는데, 이런 선제적 매매를 즐겨 합니다.

재료의 연속성과 시장의 호흡

기술적 분석보다 재료와 테마의 연속성을 중요하게 생각하시는 것 같습니다.

▶▶ 많은 트레이더들이 그렇겠지만, 저는 장이 끝나면 그날 강했던 종목들 중 일회성 재료와 연속성이 있을 만한 재료를 구분합니다. 재료는 신선해야 시장에서 통합니다. 이미 여러 번 써먹은 재료는 일회성으로 끝나는 경우가 많기 때문이죠. 저는 이것을 '시장의 호흡을 느낀다'고 표현합니다. 오늘 강했던 종목의 재료가 연속성이 있다고 판단되면, 다음 날 아침 시장이 잠잠할 때 진입하는 방식입니다.

섹터도 마찬가지로 접근합니다. 예를 들어 원전이나 로봇 같은 섹터는 어떤 이벤트가 있다고 해서 갑자기 오르지 않습니다. 그 섹터를 자극할 만한 이벤트가 있어야 하는데, 그 이벤트는 시장에서 통할 수도 있고 안 통할 수도 있습니다.

중요한 건 해당 섹터에서 신고가 종목이 나오느냐입니다. 지수는 조정받고 있는데 특정 섹터만 신고가를 내는 종목이 있다면, 그런 섹터는 이벤트가 있을 때 미리 진입할 만한 가치가 있다고 봅니다.

예를 들어 2022년 3월의 경우 유일로보틱스가 금요일에 상장2022년 3월 18일하는데, 그 주 목요일에 삼성전자 주총이 있었어요. 삼성전자는 그해 초부터 로봇 사업을 핵심 사업으로 밀고 있다고 계속 발표했고, 로봇 섹터에서는 로보로보라는 종목이 신고가를 내고 있더라고요. 지수는 조정인데 이런 상황이면 '이건 되겠다' 싶어서 목요일 주총과 금요일 상장이라는 이벤트를 감안해 월요일부터 분할하여 여러 관련 종목에 진입했었습니다.

말씀하신 방식은 많은 연습과 시장 이해가 필요할 것 같습니다. 특별한 노하우가 있으신가요?

▶▶ 그렇습니다. 특히 똑같은 강도의 뉴스라도 어떤 때는 통하고 어떤 때는 안 통하는 시장의 특성을 파악하는 것이 중요합니다. 시장의 분위기, 즉 시장에 대한 깊은 이해가 필요합니다.

특히 어떤 이벤트와 관련하여 선반영이 많이 될 때가 있어요. 그럴 때는 이벤트가 실제 발생했을 때 매도해야 합니다. 그런데 많은 투자자들이 '비슷한 종목이 이런 이벤트 후에 상한가를 쳤으니 이것도 칠 거야'라는 식으로 단순하게 생각합니다. 특히 토론방에서 많이 보이는데, 이런 사고방식은 정말로 경계해야 해요. 예를 들어 2021년 넷플릭스 드라마 〈지옥〉이 1위를 했을 때, 〈오징어 게임〉 사례를 떠올리며 관련주인 제이콘텐트리도 상한가를 칠 것이라고 생각한 사람들이 많았습니다. 이미 그전에 주가가 많이 올랐던 것은 생각하지 않고요. 시장에서 가장 피해야 할 사고방식이죠.

해당 뉴스나 재료가 연속성을 가질지 아닐지를 판단하려면 시장에 대한 이해가 필수적입니다. 이는 경험이 필요한 영역입니다. 실제로 매매를 하지 않더라도, 오늘 강했던 종목들을 살펴보고 그 이유가 무엇인지 파악해놓고, 다음 날 주가가 어떻게 움직이는지 지켜보는 식으로 계속 학습해야 합니다. '이런 재료는 계속 가는구나', '이런 재료는 일회성으로 끝나는구나' 하는 경험이 쌓여야 만 비로소 시장의 흐름을 읽을 수 있습니다.

테마주의 조건 : 연속성, 시기성 그리고 논리

연속성과 시기성을 파악하고, 단발성으로 끝날지 아닐지에 대한 논리적 사고를 하는 것이 중요하겠네요?

▶▶ 네, 맞습니다. 아무리 강한 테마주라도 시장에서는 논리가 통해야 합니다. 그래야 단기 큰손들도 그 논리를 인정하고 매수하며, 수많은 트레이더와 시장 참여자들이 몰리거든요. 논리가 없다면, 흔히 말하는 '작전주'처럼 잠깐 급등했다가 급락하는 패턴을 보일 수밖에 없습니다.

테마주가 기업의 펀더멘털이나 실제 밸류에이션에 큰 영향을 주지 않는다는 것은 모두가 아는 사실입니다. 하지만 트레이딩 관점에서는 테마가 매우 중요합니다. 시장 참여자들이 납득할 만한 논리가 있어야만 주가가 상승합니다. 저는 이 종목의 재료가 내일 시장에서도 통할지 계속 고민합니다.

테마주를 판단하는 3가지 조건

- ✓ **연속성** : 재료가 하루짜리 뉴스인지, 향후 몇 주간 지속될 트렌드인지 판단
- ✓ **시기성** : 이벤트가 발생하기 전에 미리 진입하여 '선반영 효과'를 노리는 것이 핵심!
- ✓ **논리** : 시장 참여자들이 납득할 수 있어야 실제 수급이 몰림

상식도 중요할 것 같은데요.

▶▶ 상식도 중요하지만, 일반 상식이 아닌 주식시장에 적응할 수 있는 상식이어야 해요. 예를 들어 '실적이 이렇게 좋은데 왜 주가가 빠지냐'는 일반적인 생각은 시장에 적용되지 않습니다. 주식시장은 주식시장만의 논리와 상식으로 움직입니다. 일반적인 지식보다는 주식시장에 적용되는 상식에 대해 끊임없이 고민하고 공부해야 하는 이유죠.

손절과 멘탈 관리는
트레이더의 기본 생존 전략

내 판단이 틀렸다고 인정하는 게 어렵지만,
그걸 빨리 인정하는 게 수익률을 지키는 첫걸음입니다.

큰 자금일수록 매도 타이밍 잡기가 쉽지 않을 것 같습니다. 매도 시점에 대한 철학이 있다면 말씀해 주십시오.

▶▶ 매도할 때는 과감하게 매도합니다. 매수는 야금야금 하지만, 매도는 과감하게 하는 편입니다. 저는 주변 후배들에게 '비자발적 존버'를 가장 피해야 한다고 강조합니다. 이는 주식시장에서 가장 위험한 행위라고 생각합니다. 비자발적 존버를 피하기 위해서는 '아니다' 싶을 때 바로 잘라내고 나와야 합니다.

손절이 결국 수익으로 이어진다고 볼 수 있습니까?

▶▶ 맞습니다. 한 계좌만 놓고 보면 내 생각대로 움직이지 않을 때가 있습니다. 하지만 저는 끊임없이 고민하며 다른 기회를 포착합니다. 그럴 때 필요한 것이

바로 현금이죠.

제가 가장 중요하게 생각하는 것이 손절입니다. 손절이 안 되면 계좌가 망가집니다. 내가 산 종목이 예상과 다르게 움직인다면, 내가 틀렸다고 인정하고 일단 자르는 것이 맞습니다. 그래야 다른 곳에서 기회를 찾을 수 있습니다. 단순히 손실이 났다고 손절하는 것이 아니라, 자신의 시나리오와 현실의 괴리가 명확해졌을 때 빠르게 결정해야 합니다.

실제로 수익률이 높은 트레이더들을 보면, 하나 같이 손절을 정말 잘하시는 것 같습니다.

▶▶ 제 수익률은 운이 좋아서 높은 거고요. 다른 잘하시는 분들은 당연히 손절이 제일 중요하다고 생각하실 겁니다.

제게 장점이 있다면, 크게 손실이 났을 때 계좌가 더 이상 꼬이지 않도록 컨트롤을 잘한다는 점입니다. 예를 들어 1,000만 원이 손실 났다면 '50만 원씩 20거래일 동안 만회하자'라고 생각하면서 흔들리지 않으려 합니다.

주변에 주식하는 친구들에게 항상 강조하는 얘기인데, 1천만 원을 잃었다고 해서 내일 당장 그 돈을 복구하려 하지 말라는 것입니다. 저는 친구들에게 이렇게 말합니다. "2천만 원 오늘 깨졌다고 내일 당장 2천만 원 벌어야 하냐? 다음 주까지 빚쟁이가 쫓아와? 아니잖아. 그럼 하루에 50만 원, 100만 원씩 20일 동안 벌겠다고 생각해라." 이런 마인드셋 컨트롤은 정말 잘하는 편입니다. 물론 저도 뇌동매매254쪽 14 참고를 많이 하긴 하지만요.

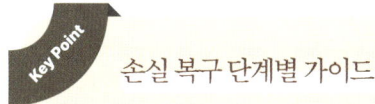

Key Point

손실 복구 단계별 가이드

- **1단계** **손실 인정** : 감정을 배제하고 객관적으로 상황을 파악
- **2단계** **복구 계획** : 총 손실을 일일 목표로 분할하여 계획
- **3단계** **매매 원칙 고수** : 평소 전략을 벗어나지 않고 꾸준히 실행
- **4단계** **진행상황 점검** : 주간 단위로 복구 속도를 모니터링
- **5단계** **완전 복구 후 휴식** : 목표 달성 후 잠시 매매 규모를 조절하거나 휴식

손절을 어려워하는 투자자들에게 조언 한마디 부탁드립니다.

▶▶ 손절은 기술보다는 태도의 문제라고 생각합니다. 내 판단이 틀렸다고 인정하는 것이 어렵지만, 그것을 빨리 인정하는 것이 수익률을 지키는 첫걸음입니다. 손절이 빠른 사람일수록 장기적으로 살아남습니다.

일희일비를 피하고, 일관성을 지켜라

높은 수익률에도 불구하고 굉장히 담담하신 모습입니다.

▶▶ 2020년 하반기부터 다시 수익을 내기 시작했는데, 저도 어떻게 이렇게 벌었는지 모르겠습니다. 결국 크게 깨지만 않으면 수익은 자연스럽게 쌓이는 것 같습니다. 너무 당연한 얘기지만 가루가 쌓이듯이 말이죠. .

저는 하루에 10만 원만 벌어도 만족하는 편입니다. 이런 확고한 태도가 정말 중요한 것 같습니다. 너무 당연한 얘기지만, 욕심내고 조급해하면 잘 될 수가 없어요. 트레이딩을 잘하시는 분들이 심법 마음을 다스리는 법을 강조하는 것도 같은 이유일 겁니다.

대회에서 높은 수익률을 기록하고 다시 증권가에서 연락을 받으시니 감회가 새로우실 것 같은데요.

▶▶ 지인 중에 지점장인 후배도 있고, 현역으로도 여전히 몇 분 계시지만, 저는 다시 업계에 들어갈 나이는 아니라고 생각합니다. 증권회사에 다녔던 시절에는 매매를 잘한다는 소리를 많이 들었지만, 긴 공백기를 거쳐 지금 시장에 적응해서 수익을 내고 있다는 사실만으로도 감사하게 생각하고 있습니다.

투자 방법론은 많이 알려져 있는데, 실제 수익의 차이는 사고방식에서 나오는 것 같아요.

▶▶ 네, 저도 그렇게 생각합니다. 본의 아니게 순위가 높아져서 인터뷰를 하고 있지만, 사실 1위 욕심은 없습니다. 1위 하시는 분들은 제가 감히 따라갈 수 있는 분들이 아니라고 생각하고, 2~3위 정도만 해도 정말 성공이라고 생각합니다. 지금 순위는 제 실력 이상이라고 생각해서 정말 만족하고 있어요.

큰 자금으로 매매할 때는 보통 대형주 쪽으로 가는 경우가 많은데, 테마 위주로 매매하시는 듯합니다.

▶▶ 해당 계좌 자체가 수익률 대회 계좌라 그런 면도 있습니다. 단기 트레이딩 하는 계좌가 따로 있고, 두세 달 정도 중기 투자를 하는 계좌도 있습니다. 밸류에이션 측정을 잘하지는 못하지만, 나름대로 '이건 좀 싸다' 싶은 종목들은 지인들의 도움을 받아가며 6개월 이상 장기로 보는 경우도 있습니다.

결국 이 시장에서 가장 중요한 것은 살아남는 것입니다. 크게 손실만 보지 않으면 수익은 자연스럽게 쌓입니다. 매일 시장이 열리는 순간부터 닫힐 때까지 계속 생각합니다. '오늘 어떤 뉴스가 먹힐까?', '어떤 섹터가 움직일까?'. 이건 단순한 기술이 아니라 시장을 계속 관찰하는 습관 같은 거예요.

그리고 저는 항상 이렇게 생각합니다. "내일도 시장이 열리니까, 조급해하지 말자." 그게 바로 저를 버티게 하는 힘이죠.

방배동선수 트레이더의 **투자 원칙**

1 **매수는 눌림목, 매도는 쏠릴 때.** 시장의 리듬을 읽고, 주가가 잠시 숨을 고르는 눌림목에서 진입하라. 매수세가 과열되어 주가가 급등할 때 과감하게 매도하는 것이 수익을 지키는 핵심이다.

2 **테마주에는 논리가 있어야 한다.** 시장 참여자들이 납득할 수 있는 명확한 논리가 있을 때 비로소 수급이 몰린다.

3 **대장주의 움직임을 포착하는 감각을 기르라.** 시장의 대장은 먼저 움직인다. 대장주를 통해 시장의 힘과 방향성을 예측하라.

4 **하루 10만 원 수익에도 감사하라.** 작은 수익을 꾸준히 쌓아가는 힘은 장기적으로 복리처럼 작용한다.

5 **손실은 분할 복구 계획으로 극복하라.** 총 손실액을 일일 목표 금액으로 나누어 계획적으로 복구하면 멘탈을 지킬 수 있다.

1분 스캘핑으로 시장을 제압한
젊은 승부사

PART 5
트레이더
만쥬

스캘핑
①

> 오만은 희망, 두려움,
> 탐욕과 마찬가지로
> 커다란 위험요소이다.
> 나의 가장 큰 실수들은
> 포지션에 감정적으로
> 개입한 직후 발생했다.
>
> — 에드 세이코타
> 전설적인 시스템 트레이더

- 본 도서에 기재된 모든 내용은 투자자에게 일반적인 투자정보 제공을 목적으로 배포되는 것입니다. 따라서 개별종목에 대한 추천이 아니며 투자판단의 최종 책임은 고객 본인에게 있습니다. 어떠한 경우에도 도서에서 제공되는 내용이 고객의 투자결과에 대한 법적 책임소재의 증빙자료로 사용할 수 없습니다.
- 본 도서는 투자자의 투자를 돕기 위해 제작된 당사의 저작물이며 어떠한 경우에도 복사, 전송, 변형될 수 없습니다.
- 본 도서는 당사가 신뢰할 만하다고 판단되는 정보와 자료에 기초하여 작성된 것이나, 그 정확성이나 완전성을 보장할 수 없습니다. 본 도서에 포함된 내용은 작성일의 판단을 반영한 것이며, 추후에 그 내용 및 정확성이 변경될 수 있습니다.

　키움증권 계좌 개설 이벤트로 주식투자를 시작한 20대 트레이더 만쥬 님. 세 번의 깡통을 경험하며 마이너스 300만 원까지 추락했던 그는, 아르바이트를 통해 충당한 자금으로 바닥을 딛고 일어섰습니다. 그리고 매일의 복기, 고수들의 매매 연구, 그리고 극한의 자기 관리로 '1분 스캘핑'의 전문가로 성장하며 실전 투자대회를 휩쓸었죠.

　만쥬 님의 트레이딩 핵심은 "기계처럼, 흔들림 없이, 흐름만 본다"는 원칙에 있습니다. 그는 복잡한 기술적 분석이나 차트의 위치 대신, 실시간 체결 강도와 순간적인 수급 유입에 반응하며 0.5~1%의 작은 수익을 무한 반복합니다. HTS만을 활용해 테마주 중 대장-부대장의 움직임을 짝짓기 매매로 공략하며, 확실한 조건이 갖춰질 때만 진입하는 냉철함을 보입니다.

그는 매매 중 수익 금액을 확인하지 않습니다. '얼마 벌었는가보다, 내가 정확하게 대응했는가'를 중요하게 여기며, 수익률보다 일관된 반복성을 추구합니다. 매수 후 1분 안에 흐름이 나오지 않으면 즉시 손절하고, 감정이 흔들리면 매매를 멈춥니다. 컨디션이 좋지 않으면 아예 장을 쉬는 등 철저한 자기 통제력이 그의 가장 큰 무기입니다.

만쥬 님은 이러한 매매 방식이 지속 불가능한 고강도 노동이라는 점을 분명히 인식하고 있습니다. "지금이니까 가능한 방식"이라고 말하며, 정점에서 벗어난 후에는 시스템화된 수익 구조로 전환할 계획을 세우고 있다고 합니다.

이번 인터뷰에서는 만쥬 님이 깡통을 딛고 시장을 읽는 눈을 키워낸 과정, 1분 스캘핑을 가능케 한 집중력의 비결, 그리고 흐름을 기준으로 한 냉철한 판단을 통해 살아남는 기술을 소개하겠습니다. 하루를 살아도 시장을 이기기 위한 그의 구조적 성장 전략과 그 치열한 과정을 확인할 수 있을 것입니다.

우연한 시작, 손실 그리고 단타의 문을 열다

> 감정을 배제하는 것이 가장 중요합니다.
> 매매할 때만큼은 기계처럼 접근하려고 해요.

아직 대학생이신데요, 스캘핑254쪽 19 참고을 이렇게 잘하시는 비결이 뭘까요?

▶▶ 예전에 계좌가 바닥나는 경험을 여러 번 했습니다. 그런 쓰디쓴 경험이 지금의 바탕이 되었고, 그만큼 많은 노력을 했습니다. 고수들이 어떻게 매매하는지 꾸준히 관찰하고, 제 매매를 매일 영상으로 녹화해서 돌려보며 반성하고 개선하는 과정을 반복했죠. 그렇게 하다 보니 어느 정도 수익을 낼 수 있는 수준에 도달한 것 같습니다. 물론 아직 갈 길이 멉니다.

주식 거래를 처음 시작하신 것은 언제였나요?

▶▶ 2019년 대학교 1학년 때였습니다. 주식계좌 개설 시 2~3만 원을 주는 이벤트가 있어 처음으로 키움 계좌를 만들었습니다. 그 돈으로 재미 삼아 주식을 사봤는데, 몇십 원, 몇백 원 정도의 수익밖에 나지 않아 그냥 잊고 지냈습니다.

그러다 2019년 10월 무렵, 우연히 20만 원을 투자해 운 좋게 5만 원 정도의 수익을 봤습니다. 정확한 종목명은 기억나지 않지만, '이게 돈이 되는구나' 싶어 100만 원을 추가로 투자하고 HTS를 설치해 본격적으로 투자를 시작했습니다. 처음에는 약간의 수익을 보기도 했지만, 결국 100만 원이 마이너스 300만 원까지 가는 뼈아픈 경험을 했죠. 하지만 연달아 계좌가 바닥나는 경험 속에서도 '공부하면 될 것 같다'는 생각이 들더군요.

그렇게 공부하신 결과, 지금은 어떤 스타일로 투자하시나요?

▶▶ 지금은 단타를 위주로 합니다. 매매의 99%가 단타죠. 보통 1분 내로 사고파는 스캘핑에 가깝습니다.

스캘핑은 재능의 영역이라고 하는데, 본인도 그렇게 생각하시나요?

▶▶ 저와는 잘 맞는 것 같습니다. 하지만 재능이 전부는 아니라고 생각합니다. 저도 1~2년 정도는 정말 힘들었습니다.

지금 돌이켜보면 정말 무모했다고 생각합니다. 부모님께 도움을 받을 수 있는 상황이 아니어서 아르바이트해서 번 돈으로 매매를 했었거든요. 처음 운 좋게 하루 20만 원 수익을 냈을 때는 '내가 재능이 있는 건가?'라는 생각에 HTS까지 설치하며 본격적으로 뛰어들었다가, 이후 연달아 계좌가 바닥나며 큰 손실을 보고 말았죠.

솔직히 그때 정말 힘들었어요. 은행 대출과 카드값도 제때 내지 못하는 상황이라 정말 절박했습니다. 당시의 절박함이 뒤돌아보지 않고 더 열심히 노력하게 하는 계기가 되었던 것 같습니다.

스캘핑 고수는 HTS를 어떻게 사용할까?

매매는 거의 하루 종일 하시는 편인가요?

▶▶ 특별한 일이 없거나 장이 지루하지 않다면 오전 9시부터 오후 3시 30분까지 계속 앉아 있습니다.

하루 매매 횟수와 수익률은 어느 정도입니까?

▶▶ 횟수가 너무 많아서 정확히 측정하기 어렵습니다. 매수와 매도를 각각 한 번으로 계산한다면, 최근 활발했던 장 기준으로 하루에 1천 번은 넘지 않을까 싶습니다. 물론 장이 지루하거나 거래할 만한 상황이 아니면 훨씬 적습니다. 수익률은 대부분 0.5~1% 내외이며, 가끔 3~5%를 넘어가는 경우도 있지만 매우 드뭅니다.

어느 정도 수익이 나면 매매를 멈추고 싶은 생각도 들 것 같은데요.

▶▶ '지금 얼마를 벌었다'보다는 '이 종목이 어떻게 움직일까'에 더 집중하는 것이 낫다고 생각합니다. 수익 확인은 매매가 어느 정도 마무리될 때쯤 합니다. 수익 금액에 연연하다 보면, 한 번의 매매 실수로 그동안의 수익이 모두 사라질 수 있거든요. 그러면 심리적으로 큰 부담을 느끼게 되죠. 그래서 수익은 가능하면 신경 쓰지 않고, 하루 매매를 마칠 때쯤 '오늘 잘했네' 정도로만 확인합니다.

주로 HTS와 MTS 중 어느 것을 이용해 거래하십니까?

▶▶ HTS로만 거래합니다. MTS로는 거의 불가능하다고 봅니다.

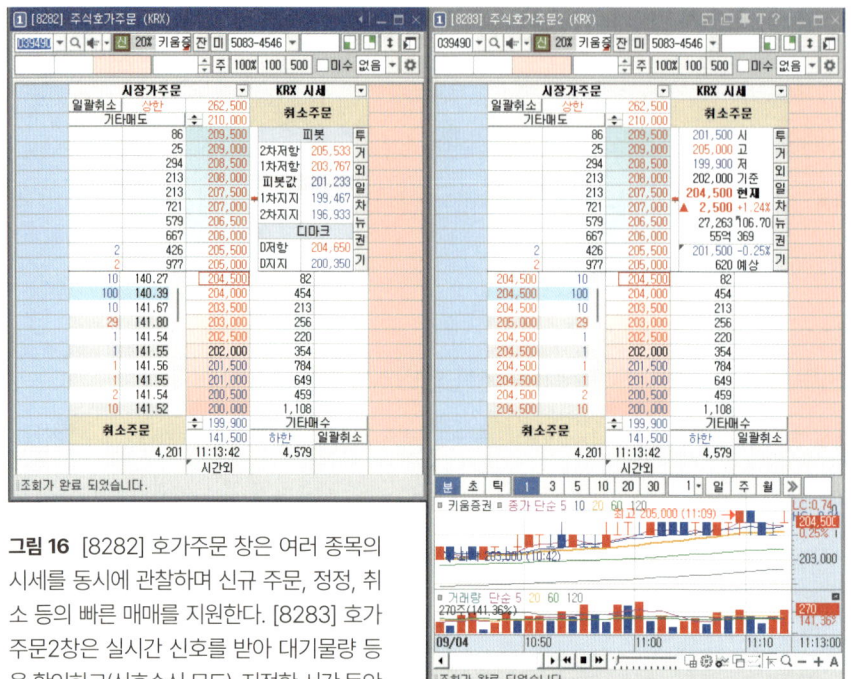

그림 16 [8282] 호가주문 창은 여러 종목의 시세를 동시에 관찰하며 신규 주문, 정정, 취소 등의 빠른 매매를 지원한다. [8283] 호가주문2창은 실시간 신호를 받아 대기물량 등을 확인하고(신호수신 모드), 지정한 시간 동안 데이터를 조회(돌려보기 모드)하는 데 유용하다. 출처: 영웅문 HTS/MTS

HTS에서 주로 활용하는 화면은 무엇인가요?

▶▶ 가장 많이 사용하는 것은 [8282]와 [8283] 화면입니다. 원클릭으로 매수와 매도가 가능한 구조로, 호가창과 차트를 함께 볼 수 있습니다. 저는 차트를 많이 참고하지 않기 때문에 이 화면으로 충분해요.

추가로 전일 대비 등락률 상위 종목과 [0148]영웅문 순간체결량 화면: 한달 매수·매도 합계가 60억 원 이상인 고객에게 자동 제공됨 화면을 병행합니다. 자금이 몰리는 곳을 파악하는 데 매우 유용합니다.

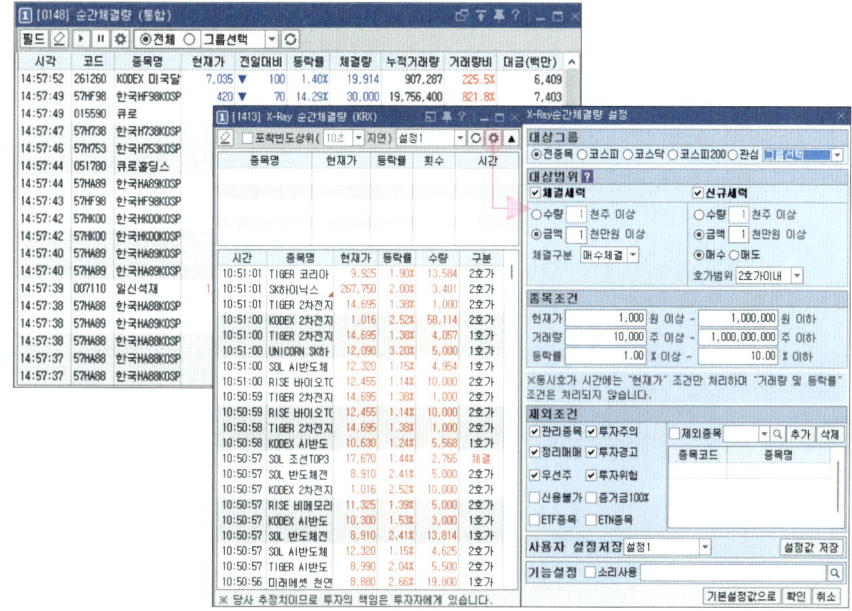

그림 17 [0148] 순간체결량 화면은 고객이 설정한 기준 체결량보다 큰 순간체결량이 발생하는 종목을 실시간으로 확인하여 주식 수급 변화를 파악하는 데에 사용한다. 매매 금액이 일정 이상이면 제공되는 서비스이다. 만약 해당 화면이 나오지 않는다면, [1413] X-Ray 순간체결량 화면을 활용할 수 있다.
출처: 영웅문 HTS/MTS

HTS 화면 세팅과 관련된 구체적인 노하우가 있으신가요?

▶▶ 차트는 간단하게만 봅니다. 차트보다는 호가창에 집중합니다. 제가 주로 사용하는 짝짓기 매매 전략 특성상, 차트보다 다른 부수적인 요인들을 더 많이 보고 매매하기 때문에 차트는 현재 주가의 위치를 파악하는 용도로만 활용합니다. 가끔 일봉을 보면서 '오늘 이 종목이 어떤 지점을 돌파해줄 수도 있겠다' 정도의 생각만 하고 매매를 진행합니다.

거래금이 커질수록 HTS의 안정성이 중요한데, 사용 중 불편은 없으셨나요?

▶▶ 제가 주로 사용하는 [8282], [8283] 화면에서 매매할 때 렉이 걸릴 때가 가끔 있습니다. 특히 빨리 매도해야 하는 순간에 클릭했는데 제대로 반응하지 않아 가격이 떨어지는 경우가 있습니다. 이런 상황을 대비해, 스페이스바를 누르면 전체 물량을 즉시 매도하는 기능을 활용합니다.

흐름만 읽는다!
기계적 스캘핑의 비결

스캘핑은 재능의 영역일 수도 있지만,
저에게는 노력과 시스템의 결과였습니다.

종목 선정의 기준이 궁금합니다.

▶▶ 저는 테마주를 선호하는 편입니다. 시장을 볼 때 어느 테마로 자금이 몰리는지를 가장 먼저 파악합니다. 정해진 종목 선정 기준은 없지만, 오히려 남들이 꺼리는 종목에서 더 큰 수익이 날 때가 많습니다. 개인적으로 맞지 않는다고 생각하는 종목은 있지만, 아예 거래하지 않는 종목은 없습니다.

정확한 매수 타이밍을 잡고자 하는 지점은 어디인가요?

▶▶ 제가 하는 매매에서는 차트만으로는 매수 자리를 잡을 수 없습니다. 일례로, 일동홀딩스라는 종목이 오후 2시 10분에 큰 수급이 들어오면서 상한가를 간 적이 있었습니다. 당시 제가 주목한 것은 그 시점에 일동제약이 1분 만에 3.85%나 상승한 것이었습니다. 저는 이런 자리를 선호합니다. 정말 확률이 높

은 자리거든요.

차트를 많이 보지 않는다면, 반등 시점은 어떻게 판단하시나요?

▶▶ 최근 거래량이 급증했던 종목들을 관심종목에 등록해 모니터링합니다. 모든 종목을 다 모니터링할 수는 없으므로, 당일의 주도 테마와 주도 종목 위주로 선별하여 순간 체결량을 지속적으로 관찰합니다. 예를 들어 일성건설에 갑자기 거래량이 몰린다면 범양건영, 동신건설, 이스타코 등 관련 테마 전체를 모니터링하며 매매 기회를 포착합니다. 정확한 타이밍을 잡으려면 한순간도 방심할 수 없습니다.

매수 이후 호가창 잔량이나 매수세 흐름을 보고 어떤 판단을 내리시나요?

▶▶ 상승할 것 같아서 매수했는데 오르지 않으면 바로 매도해서 큰 손실은 피할 수 있습니다. 상승 기대감으로 매수했는데 오르지 않는 상황에서 버티고 있으면, 그런 날에 큰 손실을 보게 됩니다.

그리고 저는 매수 움직임의 형태를 중요하게 봅니다. 예를 들어 조금씩 매수가 들어오면서 잔량은 크게 줄지 않는 경우는 좋지 않은 신호입니다. 반대로 제가 매수하려 해도 못 할 정도로 1초 만에 확 뚫어버리는 움직임을 가장 좋은 신호라고 봅니다. 소량씩 매수가 들어오는데 잔량이 계속 늘어나는 것은 매도 물량이 대기하고 있다는 의미이며, 뚫린다고 해도 금방 다시 하락할 확률이 높습니다.

분봉에서는 어떤 부분을 포인트로 보시나요?

▶▶ 거래량을 가장 주의 깊게 봅니다. 거래량이 급증할 때, 그 시점부터는 저뿐

만 아니라 많은 투자자의 관심이 집중될 것이라고 판단합니다. 그러면 해당 종목을 모니터링하거나 표시해두고 집중적으로 매매할 준비를 합니다.

기술적 분석은 큰 의미가 없다고 생각하시나요?

▶▶ 일봉상으로 '오늘 이 종목이 상승할 수도 있겠다'라는 생각이 들 때도 있습니다. 하지만 큰 그림인 만큼 파악하기가 더 어렵고, 제가 예상한 것과 다른 양상을 보일 때 대처하기가 더 어려워서 아직은 제가 도전하기에는 어려운 영역이라고 생각합니다.

종목별 특성 파악도 중요할 것 같아요. 평소 어떻게 움직였는지도 알아야겠죠?

▶▶ 분위기가 좋다고 판단되면 바로 매도하는 종목들이 있어요. 그런 종목의 특성 때문에 보다 보수적이고 빠르게 매도하려 합니다. 이처럼 종목마다 매매 스타일을 조금씩 다르게 가져갑니다.

저는 저 자신의 주관적 판단을 크게 믿지 않는 편이에요. 예를 들어 초전도체처럼 시장을 뜨겁게 달군 기술이 있다고 해볼게요. '이 기술이 상용화되면 엄청나게 성장할 것이다'라는 개인적인 기대나 예측을 배제하고, 오직 현재의 수급 상황과 시장 흐름만을 보고 매매합니다. 이러한 주관적인 판단이 매매에 개입되면, '상용화 확률이 높으니 상한가까지 갈 것'이라는 기대에 매도 타이밍을 놓쳐 결국 손실을 보는 경우가 많기 때문입니다.

저의 방식은 오직 순간을 포착해 상승할 때 매수하고, 더 이상 오르지 않으면 바로 매도하는 것입니다. 주식 거래에서 가장 중요한 것은 감정을 배제하는 것이기 때문에, 매매할 때만큼은 기계처럼 접근하려고 노력합니다.

자금 운용과 리스크 절제 전략

자금 운용은 어떻게 하고 계시나요?

▶▶ 한 번에 소액으로 여러 번 분할해서 진입합니다. 절제를 위한 측면도 있고, 손절을 용이하게 하기 위한 목적도 있습니다. 제가 주로 거래하는 테마주는 호가가 얇은 편이라, 한 번에 5천만 원이나 1억 원씩 진입하면 원하는 가격에서 손절하기 어려울 때가 많거든요. 시드가 커지면서 여러 문제가 발생했던 경험이 있어, 확신이 서지 않는 구간에서는 적은 금액으로 분할 진입하는 것을 원칙으로 합니다.

진입 금액 관리는 어떻게 하시나요?

▶▶ 일반적으로 1천만 원 단위로 진입하는 경우가 많습니다. 조금 더 확신이 서거나 좋은 기회라고 판단될 때는 한 번에 3천만 원에서 5천만 원까지 투입하기

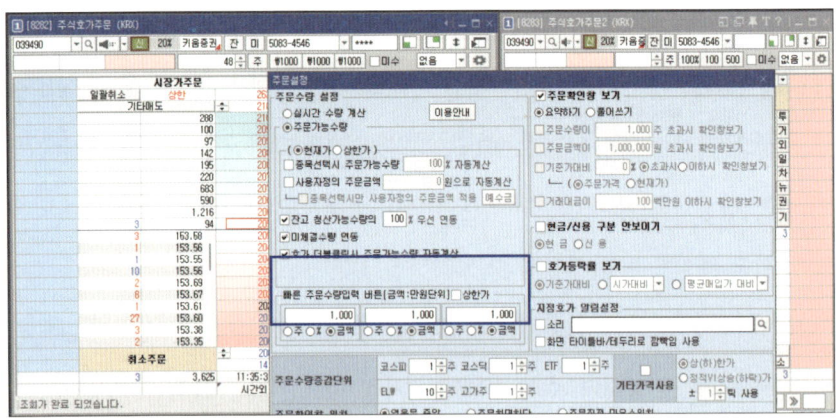

그림 18 [8282]와 [8283]에서 빠른 주문수량입력을 설정하면 원하는 금액 단위로 버튼을 설정할 수 있다. 설정된 금액(예 : 1천만 원)을 현재 주가로 나누어 자동으로 주문 수량이 계산된다.
출처 : 영웅문 HTS/MTS

도 하지만, 대부분은 1천만 원씩 두세 번에 나누어 매수하는 방식입니다. (**자동으로 1천만 원이 설정되나요?**) 네, 그림과 같이 해당 버튼을 누르면 정확히 1천만 원 수량이 설정되는 기능이 있어요. 정말 유용한 기능 중 하나입니다.

스캘핑 투자금은 어느 정도로 설정하는 것이 효과적일까요?

▶▶ 점진적으로 레벨 업해야 한다고 생각합니다. 물론 자금이 풍부한 분들은 다를 수 있지만, 일반적으로는 처음부터 큰 금액보다는 적은 금액으로 시작하는 것이 좋습니다. 저의 경우 20만 원으로 시작했고, 괜찮겠다 싶을 때 100만 원으로 늘렸습니다. 그다음부터는 추가 자금 투입 없이 수익으로 시드를 늘리는 방식으로 레벨 업했습니다. 100만 원에서 1천만 원, 1천만 원에서 3천만 원, 최근에는 1억 3천만 원으로 운용하고 있습니다.

이런 단계별 성장이 중요한 이유는 큰 실패를 피하기 위해서예요. 만약 처음부터 1억으로 시작했다면, 제가 겪었던 300만 원의 손실은 -3억 원이 되었을 것이고, 다시 일어서기 어려웠을 겁니다. 차근차근 단계를 올려가는 것이 핵심입니다.

손절도 자주 하시나요? 손절 기준은 어떻게 설정하시나요?

▶▶ 매매를 자주 하는 편이라 손절 횟수도 상당합니다. 일반적으로 상승할 것 같아서 매수했는데 움직임이 없으면 바로 매도합니다. 가능하면 매수 가격이나 소폭 아래에서 정리하고, 1분 이상 보유하지 않는 것을 목표로 합니다.

> **Key Point** — 칼 같은 손절의 기준
> - ✓ **손절 타이밍** : 매수 후 1분 이내에 상승 움직임이 없으면 즉시 매도
> - ✓ **손절 가격** : 매수 가격이거나 아주 약간 손실을 본 수준에서 결정
> - ✓ **핵심 원칙** : '버틴다'는 생각 자체를 하지 않기. 손절은 감정이 아니라 원칙에 따라 이루어지는 기계적인 행동이어야 함

체력 관리 = 멘탈 관리

멘탈 관리가 정말 중요할 것 같은데, 어떤 철학을 가지고 계신가요? 그리고 손실이 클 경우에는 어떻게 대처하시나요?

▶▶ 철학이라기보다는 경험에서 우러나온 것입니다. 저는 감정을 배제하는 것을 가장 중요하게 생각합니다.

가끔 정말 잘 나가다가도 한 번씩 큰 손실을 보는 날이 있습니다. 주로 오전에 10% 수익을 올렸다가 오후에 모두 잃는 경우죠. 이럴 때 멘탈이 흔들리고 감정적으로 힘들어지면, 갑자기 손실이 -20%, -30%까지 확대되곤 했습니다. 평소에는 하지 않던 종목을 거래하고, 스스로도 왜 그런 행동을 하는지 모를 정도로 무리한 매매를 반복하게 됩니다.

이렇게 한 번 무너진 멘탈은 그날 안에 회복하기 어렵습니다. 그래서 그런 날에는 과감하게 자리를 떠납니다. 모든 것을 잊고 맛있는 음식을 먹거나 휴식을 취하며 다음 날을 준비하는 것이 낫다고 생각합니다. 단기간에 큰 손실을 입는 분들은 대부분 멘탈 문제로 무리한 매매를 반복하다가 더 큰 손실을 보거든요.

저 역시 그런 경험을 여러 차례 했기 때문에, 무리한 상태가 지속되고 좋지 않은 모습을 보인다 싶으면 차라리 밖으로 나가거나 모니터를 꺼버리는 것이 좋은 방법이라고 생각합니다. 전날 과음을 해서 다음 날 아침에 집중이 안 될 때처럼 컨디션이 나쁠 때는 아예 매매를 하지 않습니다. 이런 상태에서는 평소의 원칙을 지키기 어렵고, 따라서 큰 손해를 볼 수 있기 때문입니다.

스캘핑에 체력 소모가 엄청나겠는데요, 어느 정도인가요?

▶▶ 매일 그런 것은 아니지만, 바쁜 날에는 오전 9시부터 오후 3시 30분까지 계속 컴퓨터 앞에만 있어야 합니다. 화장실도 한두 번만 가고, 식사도 제대로 못하면서 집중해야 해요. 단 한 순간이라도 놓치면 큰 수익을 얻을 기회를 잃을 수 있거든요. 그렇게 집중하다 보니 눈도 아프고, 목과 어깨도 아프며, 정신적으로도 힘듭니다. 매매가 끝나면 거의 쓰러질 정도로 지쳐요.

지금은 20대의 젊은 나이라 괜찮지만, 10년, 20년이 지나면 분명 문제가 생길 것 같다는 생각이 듭니다. 그래서 지금처럼 스캘핑 매매를 오래 할 생각은 없습니다.

극심한 정신적, 육체적 피로감을 이겨내는 것도 스캘퍼의 중요한 자질 중 하나인 것 같습니다.

▶▶ 지금도 어깨와 등이 매우 아프고 눈도 아픕니다. 허리는 이제 늘 아픈 상태고요. 겉보기에는 그냥 클릭 몇 번으로 수익을 낸 것처럼 보일 수도 있지만, 그 한 번의 클릭까지 필요한 과정이 정말 많습니다. 그때까지의 노력과 심적 부담이 상당하죠.

그래도 스캘핑 매매를 통해 20대의 나이에 3천만 원으로 시작해서 1억을 넘게 버셨는데, 어떠세요?

▶▶ 좋긴 하지만 한편으로는 두렵기도 합니다. 주변에서 크게 벌었다가 번 것보다 더 많이 잃었다는 이야기를 자주 들었거든요. 저도 그럴 수 있잖아요. 지금은 이렇게 벌고 있지만 이를 모두 잃고 갑자기 빚이 많아질 수도 있고요. 그래서 이 분야에서 정점을 찍고 더 이상은 하지 않을 생각입니다.

정점이라 함은, 거의 최고 수준에 도달하는 것이죠. 만족할 만한 수익을 올리고 그것을 고정 수입원으로 전환한 후에 제가 하고 싶은 일을 찾을 생각입니다.

매매 기법과
실력 향상의 핵심

제 매매를 녹화해서 되돌아보며
잘한 점과 못한 점을 분석하는 방식으로 공부했습니다.

평상시 수익률은 어느 정도인가요? 대회용 매매와는 다른가요?

▶▶ 평상시에는 일정 금액을 정해두고 그 이상이 되면 출금하는 방식으로 운용합니다. 그렇게 했을 때 (정확히 기억나지는 않지만) 한 달에 100%는 잘 넘지 않아요. 월 50%에서 많을 때 70% 정도였던 것 같습니다. 이러한 방식 때문에 복리 효과는 잘 누리지 못합니다.

특별한 매매 기법이나 보조 지표 같은 것은 사용하지 않으시나요?

▶▶ 보조 지표는 전혀 사용하지 않습니다. 독창적으로 개발한 기법은 아니지만, 제가 주로 하는 매매는 '짝짓기 매매'라고 불립니다. 동일한 테마 내에서 대장주와 부대장주의 연동성을 활용해, 대장의 움직임을 관찰하여 부대장주를 매매하는 전략입니다.

예를 들어 한 테마에 대장주와 부대장주가 있다면, 대장주에 큰 수급이 유입될 때 부대장주도 동반 상승하는 경향이 있어요. 대장에 큰 자금이 들어올 때 부대장을 매매하는 것인데 '상승할 것 같을 때 매수한다'가 핵심입니다. 대장에 수급이 들어올 때가 바로 그 타이밍입니다. 부대장을 매수했는데 움직임이 없을 때가 가끔 있는데, 이때는 매수 가격이 나오자마자 바로 매도합니다. 그래서 큰 손실은 거의 보지 않습니다.

매매 실력 향상을 위해 어떻게 공부하셨나요?

▶▶ 요즘은 유튜브나 SNS 등에서 실력 있는 분들이 자신의 노하우를 많이 공개해 주십니다. 키움증권 '채널K'에서도 대회 우승자들이 특강을 해주는 등 정보가 많이 열려있죠. 저도 그런 곳에서 고수들의 이야기를 듣고, 어떻게 매매하는지 보며, 매매 내역도 참고했습니다.

가장 큰 도움을 받은 것은 제가 활동하는 카페입니다. 그곳에는 실력 있는 분들이 많이 계시고, 가끔 매매 일지나 매매 영상을 올려주십니다. 그런 자료를 보며 '이런 방식도 있구나'라고 배우고 따라 해보는 것이 정말 큰 도움이 되었습니다. 참고로, 카페 이름은 〈나는 주식 트레이더다〉입니다.

매매를 배우고 싶다면 추천하고 싶은 트레이더가 있나요?

▶▶ 네, 있습니다. 제가 활동하는 카페에서 가장 뛰어나고 존경받는 분 중 한 분인데, 그분은 정말 여유롭게 매매하십니다. 특정 구간에서는 차근차근 모으고, 기회가 왔을 때 일괄 매도하는 방식이라 정말 편안해 보여요. 점심시간에 어디 놀러 가시기도 하고요. 그런데 그분이 다루는 규모는 저희가 상상할 수 없을 정도로 큽니다.

카페에서는 '리노'라는 이름으로 활동하고 계세요. 그분도 본인 매매의 일부를 공개하는데, 그 일부도 저희에게는 정말 큰 금액이지만 그분에겐 전체에서 아주 작은 부분이라고 하더라고요. 종목이 좀 떨어져도 걱정하지 않고, 마이너스가 찍혀도 전혀 동요하지 않아요. 그분은 수십 년간 시장에서 생존하신 분들 중 최정상에 계신 분이죠.

대형주에서도 스캘핑이 가능하다고 보시나요?

▶▶ 네. 삼성전자 같은 경우도 하루 동안 10% 정도 오른 적이 있잖아요. 그런 날에는 대형주를 전문으로 하는 분들도 스캘핑을 하셨을 것 같아요. 삼성전자는 100억, 500억씩 매매해도 크게 문제가 없으니까 가능하겠죠. 저도 크지 않은 금액으로 가끔 해봅니다.

정말 많은 고수 분들이 숨어 계실 겁니다. 시드가 큰 분들이 정말 많은 걸로 알고 있어요. 실제 매매하다 보면 그런 분들이 확실히 보입니다. 100억 원을 한 번에 투입해서 쭉 올랐을 때, 그것도 한 번에 매도하는 분들이 가끔 눈에 띄어요. 그분들 수익이 얼마나 될지 계산해보면 정말 천문학적인 숫자가 나오죠.

버는 방법을 배웠다면
지키는 방법을 연구하라

무조건 버는 매매는 없습니다.
잃었을 때 어떻게 할 것인가가 너무나 중요합니다.

인터뷰를 책으로 엮는다는 소식에, 만쥬 님이 독자들에게 더 전하고 싶은 이야기를 전해 왔다. 아래는 만쥬 님의 서한이다.

▶▶ 안녕하세요, 만쥬입니다.

2022년에 키움증권과 함께했던 저의 첫 인터뷰 내용이 책에 실린다고 해서 그때의 영상을 다시 돌려봤습니다. 당시의 저도 지금의 저처럼 정말 치열하게 살고 있었더군요. 키움증권과의 첫 인터뷰 이후 3년이라는 시간과 함께 저의 매매 스타일에도 꽤 많은 변화가 있었습니다.

주식 트레이딩을 계속하고 있지만, 현재는 당시 제 주력 매매였던 스캘핑, 짝짓기 매매 등 빠른 단타를 조금은 지양하게 되었고, 조금 더 길게 끌고 가는 매매를 주력으로 스타일을 바꾸게 되었습니다.

그리고 주식, 부동산, 채권, 코인 등의 여러 자산을 통해 장기투자도 병행하고 있습니다.

이렇게 된 이유는, 현재 운용하는 자금 액수가 너무 많이 커짐으로써 시가총액이 낮은 가벼운 종목으로 빠른 단타를 하기에 다소 무리가 생겼기 때문입니다. 자연스럽게 큰 금액이 들어갈 수 있는, 시가총액이 크고 거래대금도 많이 터지는 종목주도주 위주로 매매하게 되었습니다. 예전처럼 1~2분 내로 파는 게 아닌 보통 1시간 이상, 길면 하루에서 이틀까지도 끌고 가는 매매로 넘어가게 되었죠.

이상하게도 2022년 인터뷰 이후 8개월 동안 연속 손실을 경험했는데, 그럼에도 깡통을 차지 않고 계속 주식을 할 수 있었던 이유가 있습니다. 당시에 벌었던 돈의 대부분을 부동산 등의 안전자산에 묶어두었기 때문입니다. 덕분에 이후 좋은 시장이 왔을 때 다시 재기할 수 있었습니다.

그때의 경험을 교훈 삼아 지금도 크게 수익을 본 달에는 수익의 대부분을 부동산, 채권, 우량주 등의 안전자산으로 분산시키고 있습니다. 또한 코인이나 기술주 등의 변동성이 큰 자산 분야에서도 적은 금액으로 장기투자에 도전하고 있습니다.

여러 사이트를 서핑하다 보면 주식으로 몇 주 혹은 몇 달간 낸 수익을 인증하는 분들은 심심치 않게 찾아볼 수 있습니다. 하지만 장기적으로 보면 주식시장에서 10년 이상 살아남아 계속 큰 금액으로 트레이딩하며 매년 꾸준한 수익을 내고 있는 사람은 찾아보기 힘듭니다.

그 이유는, 수익을 내는 것보다 수익을 지키고 유지하는 게 훨씬 어렵기 때문입니다.

저를 계속 지켜봐주신 분들이라면 제가 얼마나 출금을 강조하는지 아실 겁니다. 수익을 많이 냈을 때, 안전자산으로의 이동은 너무나 중요합니다. 그렇게 해야 비로소 이 치열한 주식시장에서 살아남을 수 있기 때문입니다.

저 또한, 지금 말씀드리는 것을 직접 행동으로 실전해서 지금까지 살아남을 수 있었습니다.

무조건 버는 매매는 없습니다. 잃었을 때 어떻게 할 것인가가 너무나 중요합니다.

앞으로도 계속 시장이 좋을 때 열심히 매매하고, 수익이 많이 나면 안전자산으로 이동하고, 시장이 안 좋으면 비중을 낮춰서 보수적으로 매매하는 것을 반복할 것입니다. 그렇게 10년 이상 꾸준히 살아남을 것을 약속드리며, 시간이 많이 흐른 뒤에는 대한민국 트레이더로서 정점을 찍고 은퇴하는 것을 목표로 계속 달려 나가 보도록 하겠습니다. 감사합니다.

만쥬 트레이더의 **투자 원칙**

1. **1분 내에 결판 낸다.** 매수 후 1분 안에 상승 흐름이 없다면 즉시 손절한다. 버틴다는 생각은 절대 하지 않는다.
2. **대장을 보며 부대장을 공략하라.** 주도 테마의 대장주에 수급이 몰릴 때, 부대장주를 공략하는 '짝짓기 매매'를 활용해 효율을 향상시킨다.
3. **수익금보다 흐름에 집중하라.** '오늘 얼마 벌었나'보다 '내 매매가 정확했는가'에 초점을 맞춘다.
4. **기술적 분석은 부차적일 뿐이다.** 차트는 주가의 위치를 확인하는 용도로만 활용한다. 실시간으로 변하는 체결 강도와 수급의 흐름을 파악하는 것이 핵심이다.
5. **주관적인 판단을 배제하라.** 개인적인 예측이나 기대감을 버리고, 오직 눈앞에 보이는 시장 상황과 수급에만 반응한다.
6. **수익을 지키는 출금 습관을 가져라.** 큰 수익을 낸 달에는 반드시 수익금을 안전자산으로 이동시켜야 한다. 지키지 못한 수익은 의미가 없다.
7. **자금 규모에 맞는 매매 방식을 선택하라.** 시드가 커졌다면 작은 종목의 단타 집착을 버리고, 거래대금이 풍부한 주도주 위주로 매매해야 한다.

노트북 하나로 스캘핑 정복!

여행하는 트레이더

PART 6
트레이더
바른다른

스캘핑
②

다른 사람들에게
실수는 수치의 원천이지만,
나에게는 내 실수를
인식하는 것이
자부심의 원천이다.

조지 소로스
《Soros on Soros》 중에서

- 본 도서에 기재된 모든 내용은 투자자에게 일반적인 투자정보 제공을 목적으로 배포되는 것입니다. 따라서 개별종목에 대한 추천이 아니며 투자판단의 최종 책임은 고객 본인에게 있습니다. 어떠한 경우에도 도서에서 제공되는 내용이 고객의 투자결과에 대한 법적 책임소재의 증빙자료로 사용할 수 없습니다.
- 본 도서는 투자자의 투자를 돕기 위해 제작된 당사의 저작물이며 어떠한 경우에도 복사, 전송, 변형될 수 없습니다.
- 본 도서는 당사가 신뢰할 만하다고 판단되는 정보와 자료에 기초하여 작성된 것이나, 그 정확성이나 완전성을 보장할 수 없습니다. 본 도서에 포함된 내용은 작성일의 판단을 반영한 것이며, 추후에 그 내용 및 정확성이 변경될 수 있습니다.

바른다른 님은 불과 2년여 만에 자신만의 확고한 매매 철학과 루틴을 구축한 전업 스캘퍼입니다. '평생 여행을 하며 살 수 있는 직업'을 찾아 주식에 뛰어들었지만, 처음에는 깡통 계좌에 이르러 좌절하기도 했습니다. 낮에는 매매, 저녁에는 아르바이트를 하며 생계를 유지했던 시절을 거쳐 지금의 자리에 올랐죠.

그의 매매 철학은 "아무 데서나 매수하지 않는다"라는 한 문장으로 요약됩니다. 뇌동매매를 경계하고, 마음이 급해지는 순간을 스스로 제어합니다. 강한 매수세, 양봉의 강도, 호가창 흐름, 테마 간 연관성 등 명확한 기준이 충족될 때만 진입하는 그의 방식은 "작살을 들고 물고기를 쫓기보다 낚싯대를 드리우고 기다리는" 태도와 같습니다. 손실이 발생하면 즉시 손절해 더 큰 손실로 번지는 것을 막는 원칙도 철저히 지킵니다.

그에게 손실은 단순한 실패가 아닙니다. '다른 방법을 찾아야 한다'는 시장의 조언으로 받아들이고, 즉시 복기와 공부에 돌입합니다. 그는 주식을 심리전으로 인식하며, 기술만큼이나 심법과 자기 절제가 중요하다고 강조합니다.

여행을 위해 트레이딩을 시작한 만큼, 그의 매매 환경은 무척이나 간결합니다. 오직 노트북 하나로 매매하며, 미니멀한 HTS 세팅으로 시장의 흐름을 한눈에 파악합니다. 특히 대장주의 움직임에 맞춰 2, 3등 주의 시차를 활용하거나, 비슷한 흐름을 보이는 종목을 찾아내는 패턴 매매에도 능숙하죠.

그의 투자 여정은 "시련은 있어도 실패는 없다"라는 명언과 일맥상통합니다. 손실은 배움의 과정일 뿐, 멈추지 않고 방법을 찾는 한 실패는 존재하지 않는다는 단단한 마음가짐을 가지고 있습니다. 시장의 파도를 억지로 타려 들기보다 물결이 파도가 될 때까지 기다리고 그 흐름에 맞춰 유연하게 움직이는 것. 이것이 그가 말하는 낭만이자 생존법입니다.

영상 보러가기

신용미수 없이 월 수익 계속 내는 완성된 매매인가

월 수익 계속 내는 완성된 매매, 신용미수 없이 7주 수익률 498%

월 수익 계속 내는 완성된 매매의 비밀은 심법에 있다

10개의 기법보다 중요한 건 1개의 심법

스캘핑, 작살이 아닌 낚싯대를 드리워라

낚시하듯이 느긋하게 기다리면서 '이 자리가 확실하다, 이 자리가 내 기준에 맞다' 싶을 때, 그때를 노려야 합니다.

전업으로 스캘핑254쪽  참고**하신지 얼마나 되셨나요?**

▶▶ 전업투자를 시작한 지는 2년 정도 되었습니다2022년 10월 기준. 지금도 사실 시장이 어떤지, 어떻게 해야 돈을 더 잘 벌 수 있는지, 어떻게 해야 살아남을 수 있는지, 어떻게 해야 손실을 피할 수 있는지 계속 배워가는 중입니다. 그래서 이렇게 인터뷰를 한다고 했을 때 제가 뭘 말씀드릴 수 있을까 고민을 많이 했습니다.

원래 직장을 다니시다가 전업투자자로 전환하신 건가요?

▶▶ 여행을 다니다가 코로나19가 터졌습니다. 서른 살부터 평생 여행하며 살 수 있는 직업을 찾다가 주식을 알게 되었죠. 그래서 한국에 들어와 공부하고 투자를 시작했습니다. 한창 주식 붐이었을 때라 여러 주식 유튜버를 보며 공부했

고, 그분들의 이야기에서 절망보다 희망적인 부분을 많이 보고 나서 불안감 없이 시작할 수 있었습니다.

대회 수익률이 479%인데 평소에도 이렇게 계속 수익을 보시나요?

▶▶ 대회 전 3개월간은 사실 그 정도 수익률이 나오지 않았습니다. 시장이 완전히 급변했었거든요. 하지만 대략 4개월에 한 번씩은 그런 식으로 수익이 나는 것 같습니다. 어차피 투자하는 금액이 일정하니까 어느 정도 벌면 그 정도 수익률이 나오더군요.

큰 손실을 본 경험이 있으시다고요?

▶▶ 맞습니다. 처음에는 큰 금액을 투자하지 않았는데, 그다음에는 가진 돈을 전부 넣고는 다 잃었습니다. 당시 머리도 길고 수염도 기르고 피어싱도 하고 있었는데, '될 대로 되라'는 식으로 몽땅 투자했다가 계좌가 완전히 바닥을 쳤습니다. 돈을 다 날리고 깡통을 찬 거죠.

'이렇게 살면 안 되겠다'는 생각이 들었습니다. 그 날로 머리를 자르고 수염을 밀고 피어싱도 뺐습니다. 그리고는 아르바이트를 알아보기 시작했습니다.

그 이후에는 어떤 계획을 세우셨나요?

▶▶ 주식을 포기하고 싶지 않아서 우유 배달이나 펜션 청소 같은 아르바이트를 찾았습니다. 낮에는 매매하고 저녁에는 일해야겠다는 생각이었죠. 실제로 거제도의 한 펜션에서 숙식하며 오전에는 매매하고 나머지 시간에는 청소 일을 했습니다. 그러다가 이전에 여행 경비를 모으기 위해 다녔던 골프 회사에 연락해서 캐디로 재취업했습니다. 골프 캐디는 야간 근무가 가능했기에, 오전에는

매매하고 야간에는 캐디 일을 하는 생활을 반복했습니다.

깡통 계좌를 어떻게 복구하셨나요?

▶▶ 일봉에서 15% 이상 길게 양봉이 나온 종목들만 매매했습니다. 그런 종목이 눌려 있을 때, 다시 반응이 나오는 때를 주로 노렸습니다. 지독할 정도로 '확실한 자리'라고 생각되는 것들만 찾고 기다렸습니다. 손실이 계속 발생하고 '더 이상 이 힘듦을 못 견디겠다' 싶었을 때, 완전히 스캘핑 매매로만 해야겠다고 확신했습니다.

노트북 한 대, 미니멀 세팅의 비결

작은 노트북 하나로만 거래하시는 게 놀랍습니다. HTS 사용 방식이 궁금한데, 화면은 어떻게 구성하시나요?

▶▶ 네, 노트북 화면 하나에 모든 것을 한눈에 볼 수 있도록 구성했습니다. 화면에는 지수 차트, 순간 체결량, 제가 만든 조건검색식 2개, 실시간 조건검색 화면 2개, 뉴스, 일봉, 분봉, 호가창 3개 그리고 관심종목을 배치해 전체적인 시장 흐름을 파악합니다.

- [8282] 주식호가주문
- [0148] 순간체결량
- [0700] 종합시황뉴스
- 일봉 차트
- [0111] 주식호가
- [0156] 조건검색실시간
- [0130] 관심종목
- 분봉 차트

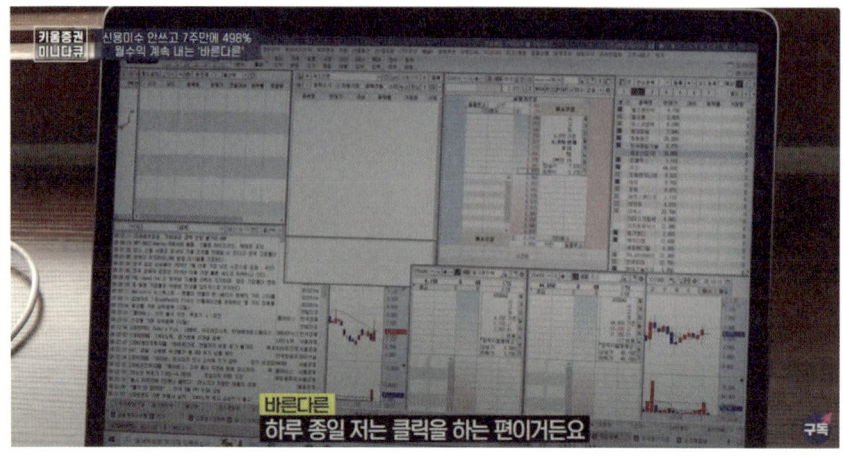

그림 19 바른다른 트레이더의 HTS 세팅
출처 : 채널K '2022 키움증권 미니다큐' 캡처

주로 사용하는 호가창 화면은 무엇인가요?

▶▶ [8282] 화면과 [0111] 화면을 사용합니다. 나중에 대장주, 2등주 등을 따로 보기 위해 2개를 더 세팅해 두었습니다.

종목은 어떻게 선정하시나요?

▶▶ 조건검색식으로 포착되는 종목들을 하루 종일 계속 클릭하며 움직임을 관찰합니다. 제 기준에 부합하지 않는 종목은 바로 지우고, 새로운 종목이 뜨면 다시 추가하는 방식으로 종목을 계속 교체하며 봅니다.

양봉 발생 후 다시 상승할 수 있는 자리를 포착하는 명확한 기준이 있습니까?

▶▶ 지켜보면 알 수 있는데, 확실한 매수세가 들어옵니다. '지금 왜 들어오지?'라는 생각이 들 정도의 수급이 바로 종목의 시그널입니다. 그런 움직임이 보일 때 놓치지 않고 집중해서 지켜봐야 합니다.

심리 상태와 연결해 설명하면 이해하기 쉽습니다. 빠른 물고기를 작살로 쫓아 잡으려고 하면 마음이 급해집니다. 하지만 스캘핑은 그렇게 달려들면 뇌동매매254쪽 14 참고로 이어질 확률이 높습니다. 들어가는 금액도 제어되지 않고, 무조건 올라야 한다는 심리가 커지기 때문입니다.

스캘핑은 마치 낚시하듯이 느긋하게 기다리는 방식이 더 좋습니다. '이 자리가 확실하다, 내 기준에 맞다' 싶을 때 딱 캐치해야 합니다. 물론 등락폭이 큰 종목들을 매매하기 때문에 작살로 물고기를 잡는 것처럼 보일 수 있지만, 저는 그렇게 쫓아다니지 않습니다. '이거 너무 기다려서 지루하다'는 생각이 들 정도로 기다리는 편입니다.

스캘핑은 대체로 작살로 물고기를 잡는 것처럼 생각되는데, 오히려 반대네요. 흥미롭습니다. 작살을 손에 든 순간 뇌동매매가 되는 거군요?

▶▶ 네, 맞습니다. 저도 남들처럼 우르르 몰려갔다가 잃은 적이 있습니다. 그걸 복구하겠다는 마음으로 달려들었다가 더 큰 손실을 보기도 했죠.

실력이 늘수록 종목의 움직임이 진짜인지 가짜인지 판별할 수 있게 됩니다. 처음에는 그냥 툭 건드리는 움직임에도 다 덤벼들지만, 어느 순간 '이게 진짜네, 지금이다'라는 감이 생기게 됩니다.

시장의 심장 소리를
해독하는 법

공부하며, 딱 맞는 때를 기다릴 줄 알아야 해요.
절대 아무 데서나 매수해서는 안 됩니다.

월별 수익을 보니 30만 원 수익, 400만 원 수익을 내시다가 어느 순간부터 1200, 1400, 1500, 1800만 원… 이렇게 점핑되었어요. 그러다가 2400만 원이 깨지기도 했군요.

▶▶ 처음에는 짜릿했습니다. '내가 이만큼 벌 수 있구나' 싶었죠. 그러다가 계좌에 그림자가 드리우기 시작한 건 2021년 10월부터였습니다. 20대 대선을 앞두고 정치 테마주에 손을 댔다가 11월에 2,400만 원이 깨졌죠. 다들 위험하다고 말렸지만 계속 수익이 나다 보니 자신감이 생겨서 달려들었는데, 이 선택으로 완전히 무너졌습니다.

당시 남해에서 한 달 살기를 하며 여유롭게 매매하던 중이었습니다. 그런데 11월 중순을 넘어서자 하루에 1,800만 원, 2,000만 원씩 마이너스가 나면서 무너지더군요. 평소에는 4,000만 원 정도만 매매했지만, 이때는 이성을 잃고 대선 테마주에 1억 원이 넘는 돈을 투자했습니다. 제가 가장 경계하는 방식, 그러니까 '작살을 들고 물고기를 쫓아갔던' 셈이죠. 결국 탈이 났습니다.

이전까지는 신용·미수를 사용하지 않으셨다고요?

▶▶ 실은 무너진 그날, 미수를 좀 크게 썼습니다. 미수를 쓰지 않았더라면 그만큼 손실이 나진 않았을 겁니다.

(금액을 보니) 상당히 큰돈인데요. 이 정도면 대개 못 팔고, 영원히 갖고 있게 되죠. 파는 순간 진짜 손실이 되기 때문인데요. 그런데 손절하셨어요.

▶▶ 그때 그 종목에서 상방 VI 255쪽 25 참고가 발동되고, 바로 하한가까지 떨어졌습니다. 그 정도 하락이라면 다음 날에도 분명히 내려갈 거라는 생각이 들어서 즉시 하한가에 팔아버렸습니다.

하락이 무서운 건, 서너 달 치의 노력을 한 방에 날리기 때문입니다. 이걸 복구해봐야 마음만 쓰릴 뿐이죠. '내가 할 수 있는 일이 뭐가 있을까' 생각하다가 공부를 하기로 했습니다. 그날이 금요일이었는데, 주말까지 사흘 동안 밥 먹고 독서만 했습니다.

공부의 결과는 바로 나타났습니다. 복구까지 3~4개월쯤 걸릴 거라고 생각했는데, 한 달 만에 복구가 되었죠. 조급해하지 않았더니 오히려 돈이 벌린 것 같습니다. 그때쯤 되니까 돌파매매 254쪽 17 참고뿐만 아니라, 종목이 눌렸다가 다시 가는 시점도 찾을 수 있게 되었어요. 이때 실력이 많이 늘었습니다.

충분히 양봉이 선 이후, 오묘한 구간을 만들어가는 종목들을 눈여겨봤다가 돌파매매를 하시는 것 같습니다. 어떤 신호를 중점적으로 보십니까?

▶▶ 저는 웬만하면 돌파매매를 위주로 합니다. 차트 돌파도 좋아하지만 호가창 돌파를 더 선호하는 편이고요. 호가창을 보면 일정한 가격에 물량이 가득 쌓여 있는 매물대를 발견할 수 있는데, 그런 매물대가 뚫릴 때 매수합니다. 그 매물대를 뚫으려면 큰돈이 들어와야 하고, 그에 따라 사람들의 이목이 집중되니까요. 그런 흐름을 관찰하여 힘이 센지 약한지 판단하고, 올라탈지 말지를 결정합니다.

이때 양봉의 등락률이 중요합니다. 양봉이 세면 셀수록 좋습니다. '이 종목에 이만큼의 사람이 들어올 수 있다'고 시장 참여자들도 인식하기 때문입니다. 그런 종목은 나중에 눌리더라도 반 정도는 다시 올라오더군요.

그러니까 많은 투자자들의 관심권에 들어있는 종목을 봐야 합니다. 아무도 관심을 가지지 않는 종목은 아무리 큰 자금이 들어와도 반응이 없습니다. 회사의 펀더멘털이 좋고 나쁘냐는 고민거리가 되지 않습니다. 모든 상장 종목은 검증을 받은 기업들입니다. 따라서 '내가 산 가격이 잘못된 것'이라는 식으로 관점을 바꿔볼 필요가 있어요. 아무도 없는 곳에서 섀도 복싱할 것이 아니라, 모든 사람이 관심을 가지고 있는 곳에서 기회를 노리는 것이 맞습니다.

아무데서나 매수하지 마라

400만 원의 시드머니로 1년 6개월 만에 1억 원을 달성하셨습니다. 매매 방법을 알고 싶습니다. 백 년 지기 친구라고 생각하시고(웃음) 딱 한 가지만 정말 솔직하게 알려주신다면요?

▶▶ "아무 데서나 매수하지 마"라고 말해주고 싶습니다. 많이들 오해하는 게, 주식으로 성공한 사람들이 아무 데서나 매수해서 수익을 내는 것처럼 보이나 봅니다. 하긴, 저도 그랬었거든요. 특별한 판단 없이 많이 오르는 종목을 마치 마법처럼 미리 사서 쉽게 수익을 내는 줄 알았습니다. 물론 고수들도 놓치는 종목이 있고, 손실을 보기도 합니다. 그런 경험을 통해 치열하게 연구하며 실패 확률을 줄여나가다 마침내 '진짜 확실한 자리'를 찾아내는 수준에 이르는 것입니다. 기다릴 줄 알아야 해요. 급한 마음에 아무 데서나 매수해서는 안 된다는 걸 반드시 강조하고 싶습니다.

그리고 또 하나 좋은 방법이 생각났는데요. 이건 돈깡 님이 말씀해주신 겁니다. 본인이 매매하는 것을 모두 녹화해서 복기하는 것입니다. 저는 실제로 6개월 동안 매일 실천했습니다. 매매할 때는 괜찮은 자리인 줄 알았는데, 녹화 영상을 다시 보면 '도대체 내가 왜 들어갔지?' 하는 생각이 들 때가 있더군요. 그런 실수를 찾아 객관적으로 바라보고 고쳐나가는 것이 큰 배움이 되었습니다.

종목 비중이나 보유 종목 수는 어떻게 조정하시나요?

▶▶ 제가 원하는 위치가 아니거나, 갭이 많이 떨어졌는데 올라갈 것 같지 않은 종목들은 그냥 지워버립니다.

제가 하는 매매를 '패턴매매'라고 부르고 있는데요, 짝짓기 매매도 섞여 있는 방식입니다. 예를 들어 1천 원짜리 종목 하나가 움직이면, 업종이나 테마가 달라도 비슷한 흐름을 보이는 종목이 따라 움직이는 경향이 있습니다. 사람들 심리가 그런가 봅니다. '비슷한 것도 갈 것'이라고 생각하는 것 같아요. 실제로 비슷한 패턴을 그리는 경우도 있고요. 이럴 때, 제 눈으로 '오늘은 이런 패턴이다'

라고 확인되면 바로 뛰어듭니다.

심리적인 영향에 의해서 패턴이 형성되는 걸 읽으시는 거네요. 패턴을 인식하더라도 진입 타이밍이 맞지 않는 경우는 어떻게 하시나요?

▶▶ 다른 많은 투자자들도 같은 종목을 주시하고 있을 텐데요, 문제는 그 속도가 저와는 안 맞을 때가 종종 있습니다. 매수하고 잠시 멈췄는데 올라가 버려서 놓치는 경우도 있고, 요즘은 몰리는 속도가 너무 빨라서 한 번 타이밍을 놓치면 못 따라가겠더군요. 한 번 줄 때 확 주거나 아니면 아예 찍혔다가 확 떨어지는 식이어서 진입 리스크가 좀 커졌습니다.

Key Point

바른다른의 패턴 매매 노하우

- ✓ 당일 시장에서 반복되는 흐름을 '패턴'으로 정의
- ✓ 테마·업종과는 무관하게 가격대·시총·시장 참여자들의 심리적 기대가 핵심 요소
- ✓ 시장 속도 변화에 따라 실전 대응 전략도 계속 진화시켜야 함
- ✓ 사람들의 연상과 유사성 판단 심리를 활용

▶▶ (HTS 화면을 보며) 오늘도 지수가 떨어져서 시작하겠네요. 오늘은 동양파일을 주로 볼 생각입니다. 어제는 한 번 움직일 때마다 보통 8%, 10%씩 움직였거든요. 오늘은 조금 갭 하락해서 시작할 것 같은데, 아마 저와 비슷한 사람들이 있을 겁니다. 3일 동안 거래량이 좀 많이 터졌거든요. 오늘도 그런 움직임이 나오지 않을까라는 생각이 들어서 지켜보고 있으려 합니다.

오늘 장에서 벌어진 현상들을 바로바로 읽어내시네요.

▶▶ 네, 양봉 퍼센테이지도 다 확인합니다. 'VI가 발동된 종목의 경우 약 5%까지는 갈 수 있다' 같은 패턴을 익히려고요. 그래서 급등이 나왔던 종목들이 VI 다음에 어떻게 움직였는지를 머릿속에 넣어두려고 하는 편입니다. 이런 조그마한 정보의 조각들을 모아서 하나의 결과로 도출해야 하니까요. HTS 화면을 전체적으로 보는 이유가 바로 그겁니다. 이를테면 코스피와 같은 전체 종목들의 등락을 보며 시장의 흐름과 돈의 유입 여부를 파악하고, 지수와 뉴스, 등락 등 모든 것을 확인합니다. 전체 종목 중 상승과 하락 비율을 통해 시장의 힘을 판단하기도 합니다.

1902개 종목의 집중도를 파악하시는군요. 인터뷰 중인 지금, 180개가 오르고 1200개가 떨어지고 있네요. 이렇게 시장 상황이 좋지 않을 때도 매매 기회를 찾으십니까?

▶▶ 보통 증시 힘이 좋다 하면 오르고 있는 180개에 돈이 몰릴 겁니다. 그런데 오늘은 그렇지 않군요. 이런 상황에서 경력이 오래되거나 여러 매매 방식을 사용하는 분들은 매수 타이밍을 보실 겁니다. 떨어졌다가 눌렸을 때 잡으시는 분도 있을 테고요. 하지만 저는 그 정도의 경험치가 없고, 돌파매매만 하는 편이라 아직은 눌림목253쪽 2 참고을 포착할 눈이 없습니다. 몇 번 시도해 봤지만, 그 눌림목이 바닥이 아니어서 더 내려가더군요.

　자금이 풍부한 분들이라면 3만 주, 4만 주씩 받쳐놔도 될 테죠. 그런 식으로 흐름을 만드는 분들이 확실히 있습니다. 그리고 그런 분들은 분명히 높은 수준의 판단력과 실력을 가지고 있을 테니, 아무 데나 들어가지는 않을 겁니다. 모두가 공감할 만한 자리에 투자하지 않을까 합니다.

인터뷰 중인 시점(2022년 10월), 시장에서 남선알미늄만 가고 있는데요. 보통은 후속주들도 같이 올라가기 마련인데, 시장에 진짜 돈이 없는 건지 한 종목만 오르네요. 후속주가 따라가지 못하는 이유는 무엇일까요?

▶▶ 조금 무거운 테마로 묶인 종목들은, 대장주가 상한가를 찍지 않는 이상 저만큼 따라가지 못합니다. 짝짓기 매매 1등주-2등주 매매 방식이 있지만, 한 종목이 크게 오른다고 무조건 유사한 종목이 따라서 오르는 게 아니라는 점을 인지해야 합니다.

1등주에서 첫 번째 VI가 발동되면 2등주가 반 정도 따라오고, 1등주에서 두 번째 VI가 발동되면 2등주에서 첫 VI가 나오는 정도로, 천천히 따라 들어갑니다. 그러니까 1등주와 2등주의 시차는 대략 VI 하나 차이라고 보시면 됩니다.

특정한 패턴으로 가는 종목이 발견되면, 비슷한 패턴으로 움직이는 또 다른 종목이 나옵니다. 호가창과 차트를 보면, 업종이 달라도 비슷하게 움직이는 종목들이 보여요. 이런 패턴에는 사람 심리가 많이 담겨 있습니다. 다들 '이런 게 이렇게 갔으니까 비슷한 게 또 가겠지'라는 식으로 생각하는 마음이 패턴을 만들어내는 거죠.

VI에 걸렸다가 내려가는 것도 하나의 패턴이고, VI까지 갔다가 갭이 뜨는 것도 패턴이며, VI에 안 걸리는 것도 패턴입니다. 패턴은 며칠간 갈 수도 있고, 매 10분마다 바뀔 수도 있어요. 그러니 계속 앉아서 이렇게 보고 있는 겁니다.

급등주가 보일 경우 매물벽이 뚫릴 때까지 기다리시나요?

▶▶ 네, 매물벽 253쪽 **9** 참고 돌파를 기다리지만, 시장 전체의 힘이 부족해 보이면 과감하게 포기합니다. 급등주는 언제든 급락할 수 있다는 전제를 항상 깔아둬야 합니다. 짧은 순간의 변동성을 버틸 멘탈이 없다면, 미련 없이 정리하는 편

이 낫습니다. 그렇게 정리한 종목이 더 오르면 물론 아쉽지만, 반대로 하락할 수도 있었던 것이죠. 조심하고 또 조심하는 것이 수익을 지키는 핵심입니다.

거래하는 동안에 수익이 얼마나 나는지는 굳이 확인하지 않으시죠?

▶▶ 조금 크게 났다 싶으면 보고, 아니면 확인하지 않습니다. 하루에 몇백만 원, 몇천만 원씩 벌었을 때도 있었지만 그런 생각을 머릿속에서 지우려고 해요. '10만 원만 벌어도 하루 일당은 한 거야'라는 식으로 마음을 편안하게 가지려고 합니다. 그래야 멘탈을 지키며 매일매일 할 수 있으니까요. 마음 편한 게 제일인 것 같습니다.

작살을 들고 쫓아가는 대신, 낚싯줄을 드리우고 기다려야 한다고 하셨는데, 그런 철학과 일맥상통하는 것 같습니다.

▶▶ 네, 맞습니다. 저라면 만약 어떤 종목을 시작점에 잡았더라도, VI가 발동될 것 같으면 바로 팔 거예요. 왜냐하면 오늘 패턴이 VI에서 멈추는 거니까요.

전체를 봐야 한다는 생각을 놓지 않으려 노력합니다. 저는 배우는 사람이고, 계속 공부해야 한다고 생각합니다. 시장을 바다에 비유하자면, 물결이 파도가 되는 순간이 분명히 와요. 저는 그 순간을 기다리는 사람입니다. 이것이 제가 가장 잘하는 방법이기도 하고요.

종목의 움직임들을 그림 같은 패턴으로 만드는 이유도, 그렇게 머릿속에 넣어두면 저 스스로 이해하기가 쉽기 때문이에요. 텍스트 이해력이 좋은 분들은 글로 적어두는 것이 훨씬 빠르겠죠. 시장을 관찰하고 움직임을 읽는 방법을 각자 자신에게 맞는 방법으로 계속 계발해야 합니다.

공식은 같아도 결과가 다른 이유, 변수는 바로 나 자신

a+b+c라는 검증된 성공공식이 있다면,
결과는 **(a+b+c)×나 자신** 입니다.

조건검색식은 어떻게 설정하셨나요?

▶▶ 갑자기 거래량이 늘어나는 종목들은 뭔가 이유가 있을 테니, 그런 종목들이 뜨게끔 만들어 놓았습니다. 관심종목에 넣은 후, 차트가 예쁘거나 업종이나 테마가 좋아서 지켜볼 만하다 싶으면 넣어 두고, 아니면 지웁니다. 노트북 한 대만 이용하기 때문에 띄워놓을 수 있는 창의 개수가 한정적이라 엄청 미니멀하게 세팅해 두었습니다.

노트북 모니터 하나로 이 정도의 결과라니, 이건 노력 덕분인가요 아니면 재능의 결과인가요?

▶▶ 제 경우엔 노력인 것 같습니다. 주식 시작하고 한 3개월 정도만 월별로 손실을 보고, 그 이후부터 월별로는 계속해서 수익이었습니다. 물론 그 안에서도

실수를 하긴 하지만, 결과적으로는 수익이 조금 더 많더군요.

손실을 보지 않기 위한 원칙도 가지고 계시겠어요.

▶▶ 정해져 있는 교과서 같은 법칙은 없다고 생각합니다. 지금 시장이 어떤지, 돈이 어디에 어떻게 몰렸는지 등을 계속 관찰하면서, 과거 패턴과 대조하고, 판단을 내리는 것 같습니다.

그럼 시장은 당일 기준으로 보시나요? 아니면 매크로적으로 보시나요?

▶▶ 대부분의 경우 당일 현재 시장을 기준으로 봅니다. 지금 어떤 종목에 얼마나 돈이 몰렸는지, 아니면 얼마나 돈이 빠졌는지, 어떻게 움직이고 있는지 등을 중점적으로 보는 편입니다.

돈이 몰렸다는 건, 거래대금이나 거래량을 보시는 건가요? 얼마 정도 몰리면 관심을 가지세요?

▶▶ 딱 얼마라고 정해 놓은 건 없습니다. 그냥 '이 정도면 힘이 좀 세네', '이 정도면 힘이 약하네' 정도로 판단합니다. 원칙은 그저 시장을 잘 읽고 손실을 보지 말자는 것이지, 얼마가 들어오면 본다는 등의 정량적인 기준은 없습니다.

그러면 손실이 났을 땐 어떻게 하세요?

▶▶ 저도 스캘퍼이다 보니, 손실률이 몇 퍼센티지이든 무조건 빠르게 손절해 버립니다. 버티다가 큰 손실을 본 경험이 많아서 그런지, 손실을 못 견디는 경향도 있습니다. 조금만 더 들고 있으면 손실이 더 커질 것처럼 보여서 빨리 끊어 버리는 편입니다.

그럼 예전에는 장기투자 성향도 가지고 계시다가 스캘핑으로 바꾸신 건가요?

▶▶ 처음 매매할 때는 스캘핑도 하고 스윙도 했어요. 여러 가지 섞어 보면서 하려고 했었는데, 제 성향이 약간 스캘핑이 맞는지 점점 스캘퍼가 되어 가더군요. (하긴, 스캘핑 성향 가지신 분들과 인터뷰하면 손실 종목 보유를 굉장히 괴로워하시더라고요.) 맞습니다. 밤에 잠도 못 자고 그렇습니다.

시장의 힘을 읽고 기회를 포착하라

종목을 고를 때 시장에 작용하는 힘을 보시는 편인데, 그런 힘을 찾거나 판단하는 방법이 있나요?

▶▶ 보통 장중에 테마가 형성되잖아요. 오늘은 이 테마가 강하다, 혹은 이쪽으로 돈이 몰린다 하는 것들이요. 예를 들어 교육주가 뛰면 교육주 중에서 괜찮은 종목들은 매매하고, 동시에 다음 테마들을 고려해 미리 관심종목으로 뽑아둡니다. 과거에 이 테마가 움직였을 때 다른 어떤 테마가 움직였었는지 찾아보기도 합니다. (테마가 난무하면 중구난방으로 갔다가 쉬었다가, 갔다가 쉬었다가 이러더라고요.) 네, 맞습니다. 힘이 들어오는 쪽을 매매하고, 동시에 다음 테마들을 고려해서 미리 관심종목으로 뽑아놓습니다.

그렇다면, 오늘은 이 테마가 가니까 내일은 다른 어떤 테마가 움직일 거라고 미리 예상하시는 편인가요?

▶▶ 그럴 수는 없습니다. 왜냐하면 모두가 시장의 흐름을 본 후에 판단을 내리는 것이니까요. 저는 스캘퍼이니, 준비는 하되 미리 예측하지는 않습니다. 다

만, 어떤 종목이 이만큼 움직이고 눌렸다가 다시 돌파했다면, 다른 종목들도 비슷하게 신호를 보이는 경향이 있으니 그런 지점들을 주시합니다.

시장에 힘이 많이 쏠린 종목을 보면, '오늘 시장에서 어디에 돈이 몰릴 것'이라는 것을 대략적으로 읽을 수 있습니다. 예를 들어 제일 큰 테마의 종목이 상한가까지 쭉 간다면, 다음 테마도 상한가로 직행하는 경우가 종종 있습니다. 이런 것들을 참고하여 판단합니다.

보통 개장 전에는 어떤 준비를 하시나요?

▶▶ 뉴스를 보거나, 전날 강했던 종목 리스트를 뽑아두고 시작합니다.

주식투자를 시작하려는 분들께 조언을 하신다면?

▶▶ 주식으로 성공한 사람들이 워낙 소수이다 보니, 많은 사람들이 도박이라고 인식하는 경향이 큽니다. 그러면서 '보통의 사람은 성공하기 불가능하다'는 선입견을 가지는데, 이런 시각으로는 될 일도 안 되는 것 같습니다.

허무맹랑해 보여도 현실화할 방법이 있고, 큰 벽에 막혀 있는 듯 보여도 해결할 방법은 분명히 있습니다. 멈추지 않고 방법을 찾았으면 좋겠습니다. 저도 지금 계속해서 살아남는 방법을 찾고 있는 중입니다. 다양한 시장과 변화하는 환경에서 생존하기 위한 방법을 찾아나가다 보니 정답은 아니더라도 실마리가 보이는 것 같습니다. 이런 돌파구들을 연구한 것이 지금까지 꾸준히 수익을 낼 수 있었던 비결이 아닐까 합니다.

성공공식은 '나'라는 변수에 달렸다

특정한 성공공식이 있다고 믿는 투자자들이 많습니다. 이런 공식이 모두에게 통하지 않는 이유는 무엇이라고 생각하십니까?

▶▶ 'a+b+c'라는 검증된 성공공식이 있다면, 결과는'(a+b+c)×나 자신'이라는 말이 제 머리를 때린 적이 있습니다. 사람이 다르면 공식도 다르게 적용된다는 의미죠. 스캘핑이든 무엇이든, 어떤 매매 공식들이 있습니다. 눌림목에 사야 한다거나 매도 잔량이 많을 때 사야 한다는 식의 공식들 말이죠. 그러나 그 공식이 통하느냐는 결국 그 사람 자신에 달린 것 같습니다.

2~3년 만에 이런 트레이딩 루틴을 완성했다는 게 대단합니다.

▶▶ 사실 지금도 완성이 아니라고 생각합니다. 그저 한 방향으로 나아가고 있을 뿐이죠. 앞으로 최소 5년은 계속 공부하고 배워야 하는 입장이라고 생각해요. 지금도 수익이 나면 마냥 기쁘기보다 감사한 마음이 더 큽니다. 배우는 사람인데 돈까지 받으면서 배우고 있으니 더할 나위 없이 감사한 일이죠. 돈을 내면서 배워도 모자랄 판에, 돈을 받으며 배우고 있으니까요..

저희는 절대 시장을 이길 수가 없습니다. 시장이 알려주는 대로, 가는 대로, 최대한 유연하게 같이 가는 게 제일 좋은 방법이라고 생각합니다.

낭만 트레이더라고 부르고 싶어요.

▶▶ 그렇게 불러주시면 고맙죠. 그렇게 되고 싶네요. 낭만 트레이더…. "시련은 있어도 실패는 없다"는 말이 떠오르네요. 배움이 이어지는 한, 실패는 극복과 배움의 한 과정일 뿐입니다.

기법보다
심법이다

심법은 뇌동매매로 이어지지 않도록,
차분하게 매매할 수 있게 만드는 힘입니다.

정신노동이 계속 이어지는 건데 피곤하지 않으세요?

▶▶ 그렇게 피곤하다는 생각은 안 듭니다. 솔직히 직장인들보다는 일하는 시간이 짧잖아요. 물론 손실을 많이 보거나, 공부한 대로 안 되면 스트레스를 많이 받긴 하죠. 그래도 저는 이 과정을 즐기는 편인 것 같습니다.

다만 이제는 돌파매매뿐만 아니라 눌림목도 공부해야겠다는 생각이 듭니다. 어떨 때 눌렸다가 가는지 계속 보고 배우려고 하고 있어요. 한 10년 차까지는 끊임없이 공부해야 하지 않을까요? 저는 이 모든 것을 승부 게임이라고 생각하고 참여하고 있기에, 저 자신의 심리와 시장의 심리를 모두 이해하고 싶습니다. 제 눈에 아무리 매력적인 종목이라도, 사람들의 심리가 어떤 영향을 미칠지 파악하고, 나아가 시장의 광기마저 읽어낼 수 있게 되면 진정으로 성공했다고 말할 수 있을 것 같아요.

인터넷을 보면 '스캘퍼들은 도박꾼이다'라는 이야기가 많잖아요. 하지만 저는 홀짝에 거는 게 아니거든요. 도박과 매매를 구분해야 합니다. 돈만 보고 스캘핑에 뛰어드는 건 정말 위험하다고 생각합니다. 시장을 보는 눈, 심리를 읽는 노하우 없이 스캘핑을 하면 잃을 수밖에 없어요.

스캘핑은 100만 원만으로도 충분한 것 같아요. 액수가 중요한 게 아니라, 얼마나 효과적으로 수익을 내면서 회전율을 높이느냐가 관건인 것 같습니다.

▶▶ 저는 33만 원으로 수익을 본 적도 있습니다. 제 첫 번째 원칙이 '손실을 보지 말자'예요. 최근엔 시장의 흐름이 엄청 느려졌다고 해야 할까요, 이전과 달라져서 원래 하던 금액으로 하지 못하고 있습니다. 증시에 들어와 있는 자금도 달라져 있어요. 다음번에 이런 시장을 맞이하더라도 저는 잘 견뎌내고 싶습니다. 그래서 지금 시장에서도 쉬기보다는 참여하면서 배우고 있습니다. 언제든 또 겪을 수 있는 환경이니까요.

사실은 손실을 극복할 수 있느냐가 중요한 거지, 실패 여부가 중요한 건 아닌 것 같아요.

▶▶ 맞습니다. 손실이 났을 때 어떻게 반응하느냐, 어떻게 방법을 찾아나가느냐가 승패를 크게 가르는 것 같습니다. 만약에 연속적으로 손실을 보고 있다면, 분명히 어떤 실수를 하고 있는 거니까 시장이 나한테 '다른 방법을 찾으라'고 말해주고 있는 거라고 생각하곤 합니다. 공부를 열심히 해야 하는 거죠.

시장은 발생하는 현상을 있는 그대로 보여주고, 움직일 뿐이에요. 여기에 적응해서 승부를 보는 건 제 몫입니다. 손실이라는 결과는, 지금 방법이 현 시장에서 통하지 않으니 다른 방법을 찾거나 더 공부해야 한다는 메시지이죠. 이런 식으로 손실을 받아들이니, 문제를 찾고 해결하는 것이 손실에 대처하는 태도가 되었습니다.

그러다 보면 유난히 힘들 때도 있습니다. 그럼에도 공부하고, 공부한 내용들을 확인하고 검증받는 과정을 즐겨야 합니다. 내가 제대로 생각하고 있는가, 제대로 바라보고 있는가, 제대로 적용하고 있는가, 이것을 검증하는 데서 재미를 느껴야 합니다. 저는 수익 볼 때보다 손실 볼 때 더 흥미를 느끼기도 합니다. 물론 그 순간에는 너무 짜증이 나지만요.

특히 등산은 매일 다니는데요, 손실이 큰 날에는 마인드 컨트롤을 위해서, 수익이 큰 날에는 온전히 감사하고 기뻐하기 위해서 산에 오릅니다.

솔직히 말해, 손실이 나는 제일 큰 이유는 '몰라서'입니다. 모르니까 아무 자리에나 들어가고, 모르니까 돈이 몰릴 때 따라 들어갔다가 잃게 되는 것이죠. 알면 조금이라도 대처하고 피할 수 있습니다.

주식 고수들의 투자 장면을 영상으로 접하면, 긴 기다림의 과정, 연구의 과정, 판단과 선택의 과정 같은 것을 빼고 매수 순간만 보게 됩니다. 하지만 그에 이르기까지의 전체 과정을 공부하고 따라 해야 합니다. 매수 자체를 따라 할 것이 아니라는 거죠. HTS 세팅도 중요하지만 마인드 세팅도 중요합니다. '나는 왜 안 되냐'고 소리치고 짜증 내 봐야 얻을 건 하나도 없더군요.

꾸준히 공부하신다고 했는데, 특히 심법 연구에 많은 시간을 투자하시는 것 같습니다. 구체적인 방법을 좀 소개해주시겠어요?

▶▶ 부와 관련된 책을 읽으면 돈만 이야기하는 것이 아니라, 결국 '어떻게 인생을 잘 살 것인가'에 대한 이야기로 귀결됩니다. 이런 책들을 읽는 것도 마인드 컨트롤에 큰 도움이 됩니다.

예를 들어 《세이노의 가르침》이라는 책이 있습니다. 어느 금요일 하루에 1,800만 원 정도 잃은 후 주말 동안 그 책만 붙잡고 읽었습니다. 세이노 님의 철학을 읽으며 마음가짐을 다잡은 것이 손실에 대처하는 데 실제로 도움이 되었습니다. 열심히 살고 싶은 분들에게 그 책을 추천합니다.

기법에 너무 얽매이지 않아도 된다는 말씀이군요.

▶▶ 운이 좋게도 저는 마음 공부나 철학 공부를 많이 했었습니다. 우리 뇌가 어떻게 움직이는지 같은 것을 공부했는데, 주식에 접목되는 경우가 많더군요.

흔히 '주식은 심리 싸움'이라는 말을 많이 하잖아요. 같은 맥락에서 심법, 심리학, 마음 공부가 중요하다고 생각합니다. 욕심만으로 달려들지 못하게 자신을 제지하는 것도 결국 심리 기법입니다. 뇌동매매를 막고 차분하게 매매할 수 있게 만드는 힘이죠. 그래서 심법이 가장 중요하다고 생각합니다.

욕심을 부리지 말아야 한다는 말씀은, 어느 정도 수익이 나면 수수료를 감안해 바로 매도해야 한다는 뜻인가요?

▶▶ 그런 욕심과는 좀 다릅니다. (계속 갈 거라는 막연한 희망?) 그렇죠. 혼자만의 생각으로 '이 종목은 계속 오를 거야'라고 판단하는 것, 그것이 바로 욕심인 것 같습니다. 시장은 얼마나 갈지, 어느 정도 힘이 있는지를 보여주는데, 개인 투자자들은 욕심을 내며 버티는 경향이 있습니다. 욕심을 부리면 결국 뇌동매매로 이어집니다.

장기적으로는 주식시장 자체를 전반적으로 이해하고 싶습니다. 그래서 지금은 스캘핑을 하고 있지만, 나중에는 스윙 투자와 중장기투자도 겸하고 싶어요. 모든 것을 이해하고 분석할 줄 아는 경지에 이르고 싶습니다. 하지만 지금은 제가 할 줄 아는 것이 스캘핑이니까, 실력이 늘고 다른 것을 할 수 있는 눈을 가지게 되면 다양한 매매법에 도전해 볼 생각입니다

말씀을 듣다 보니 불과 약 2년 만에 궤도에 오르실 수 있었던 이유가 느껴집니다. 앞으로는 어떻게 투자하고, 발전하고 싶으신가요?

▶▶ 일단은 제 성격에도 맞고, 지금까지 돈을 벌어다 준 스캘핑을 계속할 생각입니다. 하지만 스캘핑이 통하지 않는 시장 상황도 있기에, 스캘핑으로 수익을 얻으면서 다른 매매 방법들도 꾸준히 연구하고 배워나갈 계획입니다. 말씀드렸듯이, 결국에는 스윙이나 장기투자로 영역을 넓히고 싶습니다.

저는 주식하는 사람들과 교류가 없는 편입니다. 저보다 더 큰 자금을 운용하는 분들이 어떤 눈과 마음으로 시장을 보는지 궁금합니다. 어떻게 그렇게 큰 금액을 매수하고 버틸 수 있는지도 궁금하고요. 금액이 커지면 그 사람의 그릇도 커지고, 욕심도 더 절제할 줄 알게 되지 않을까 막연하게 기대하고 있습니다. 손실에 대한 괴로움은 분명히 있겠지만, 그것을 감내하는 그릇의 크기가 더 클 것 같아요. 그런 마인드와 기법을 배우고 싶습니다.

바른다른 트레이더의 **투자 원칙**

1. **아무 데서나 매수하지 마라.** 작살을 들고 물고기를 쫓는 대신, 낚싯대를 드리우고 '확실한 자리'에서 신호를 기다려라.
2. **손실을 시장의 조언으로 받아들여라.** 손실은 '방법을 바꿔야 한다'는 시장의 메시지이다. 즉시 복기와 공부에 돌입해 해결책을 찾는다.
3. **시장의 전체 흐름을 읽어라.** 노트북 화면 하나에 모든 정보를 담아 지수, 거래량, 호가창 등 시장의 힘을 한눈에 파악한다.
4. **패턴 매매로 시장의 심리를 파악하라.** 테마나 업종에 얽매이지 않고 가격대와 심리적 기대가 만들어내는 패턴을 포착해 기회를 노린다.
5. **심법과 자기 절제가 기술보다 중요하다.** 자신에 맞는 매매법을 찾고 마인드 세팅을 통해 흔들리지 않는 중심을 만든다.

호가창만으로 시장을 지배하는
천재 트레이더

PART 7
트레이더
캐리

스캘핑
③

단순함은
궁극의
정교함이다.

레오나르도 다 빈치
― 이탈리아의 예술가

- 본 도서에 기재된 모든 내용은 투자자에게 일반적인 투자정보 제공을 목적으로 배포되는 것입니다. 따라서 개별종목에 대한 추천이 아니며 투자판단의 최종 책임은 고객 본인에게 있습니다. 어떠한 경우에도 도서에서 제공되는 내용이 고객의 투자결과에 대한 법적 책임소재의 증빙자료로 사용할 수 없습니다.
- 본 도서는 투자자의 투자를 돕기 위해 제작된 당사의 저작물이며 어떠한 경우에도 복사, 전송, 변형될 수 없습니다.
- 본 도서는 당사가 신뢰할 만하다고 판단되는 정보와 자료에 기초하여 작성된 것이나, 그 정확성이나 완전성을 보장할 수 없습니다. 본 도서에 포함된 내용은 작성일의 판단을 반영한 것이며, 추후에 그 내용 및 정확성이 변경될 수 있습니다.

 인터뷰 당시 21살의 젊은 나이에 스캘핑 전문가로 우뚝 선 트레이더 캐리 님. 고등학교 3학년, 부모님의 권유로 주식시장에 처음 발을 들인 그는 게임을 즐기는 성향 덕분에 남들보다 앞서 매수·매도하는 짜릿함에 매료되었다고 합니다. 단 하나의 모니터로 무려 1,000%, 심지어 2,400%가 넘는 경이로운 수익률을 기록하기도 한 캐리 님은 투자대회의 '상패' 컬렉터로도 유명하죠.

 처음 주식을 시작했을 때, 번 만큼 토해내는 과정을 반복했던 그는 재능보다 절실함이 성공의 열쇠라고 말합니다. 부모님의 지원금으로 시작해, 초기에 작은 손실을 겪으며 주식투자의 가치와 무게를 체감했습니다. 이 경험은 "주식투자는 재미로 할 게 아니구나"라는 깨달음을 주었고, 그의 매매 원칙에 깊이 녹아들었습니다.

캐리의 매매 철학은 "주식에 100%는 없다"는 것입니다. 그는 예측보다 그 순간의 상황에 맞춰 대응하는 것을 최우선으로 여깁니다. 그의 주된 무기는 HTS 주식 종합창입니다. 5,000만 원 이상의 큰 체결 금액을 색상으로 표시해 즉시 인지하고, 남들보다 빠른 반응 속도로 매매합니다. 전고점 돌파매매와 낙주매매를 모두 활용하며, 매수 후 1~2호가에서 매도세가 두텁게 쌓이면 즉시 손절하는 기계적인 원칙을 철저히 지킵니다. '다음 날에도 오를 종목은 반드시 있다'는 믿음으로 손실은 빠르게 잊고, 목표 수익에 못 미칠 때 발생하는 '조금만 더'라는 욕심을 가장 경계합니다.

그는 뇌동매매를 줄이기 위해 대회에 출전하는 독특한 전략을 활용합니다. 대회가 주는 '한 번의 실수가 치명타'라는 압박감은 그를 절제하게 만드는 장치 역할을 합니다. 1백 리그 상패는 시작일 뿐. 각 리그별 1위 상패를 모으고 싶다는 21살 청년의 야망은 끝이 없습니다.

자신만의 언어로 시장과 승부하는 젊은 천재 트레이더의 이야기를 만나보시죠!

영상 보러가기

수익률 1,824% 찍어 버리고
군대 간 캐리 트레이더법 공개

돌아온 캐리(상패도둑)님_
2주만에 1,030% 찍고 현재 1등

수십억 단기 트레이더 캐리의
호가 보는 방법 공개

고3에 주식을 접하고, 게임 같은 스캘핑에 빠져들다

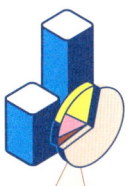

게임처럼 매매를 즐기고, 남들보다 먼저 매수·매도 버튼을 누를 때 오는 짜릿함 덕분에 매매를 계속하고 있습니다.

주식투자는 언제부터 시작하셨습니까?

▶▶ 주식을 처음 접한 건 고등학교 3학년 가을쯤이었어요. 주변에 주식투자를 하는 친구가 있었고, 부모님도 "한 번 해봐라"라고 권유하셔서 시작했습니다. 해보니 재미있더라고요. 그게 계기가 돼서 지금까지 해오고 있습니다.

실은 〈리그 오브 레전드LoL〉를 다이아 1까지 했을 정도로 게임을 좋아했어요. 게임하듯이 매매를 즐기고, 순간 판단과 반응 속도를 중요하게 생각합니다. 남들보다 0.1초라도 먼저 매수·매도 버튼을 누를 때 오는 짜릿함, 그것 때문에 매매를 계속하는 것 같아요.

스캘핑 매매를 시작한 것은 언제입니까?

▶▶ 본격적으로 스캘핑 매매를 시작한 건 1년 정도2020년 시작 됐습니다.

처음 매매할 때는 어땠나요? 이런 놀라운 노하우는 어떻게 익히셨습니까?

▶▶ 처음엔 당연히 손실이 났습니다. 그러다 어느 정도 감이 왔다고 생각했을 때 수익이 났지만, 번 만큼 다시 손실을 보는 과정을 반복했죠.

매매 기준과 노하우는 경험이 가장 중요하다고 생각합니다. 유튜브나 강의 영상은 일절 보지 않았고, 장이 열리는 시간 동안 하루 종일 호가창만 뚫어지게 관찰했습니다. 그러다 보니 자연스럽게 패턴이 보이고 감이 생기더라고요.

혼자서 이 모든 걸 터득하셨다는 말씀인가요? 정말 믿기 어려운데요.

▶▶ 네, 장이 끝난 후에도 종목이 어떻게 움직였는지 계속 돌려보며 연구했습니다.

초기 투자금은 얼마였나요?

▶▶ 학생이었기 때문에 제 돈은 거의 없었고, 부모님께서 일정 금액을 지원해 주셨습니다. 큰 금액은 아니고, 소액으로 시작했습니다. 부모님이 지원해주신 자금으로 경험을 쌓았습니다.

신용이나 미수는 어떻게 사용하게 되셨습니까?

▶▶ 처음에는 예수금이 적다 보니 수익률을 올리는 데 한계가 있었습니다. 미수를 쓰지 않으면 원하는 수익을 내기 어렵더군요. 그래서 미수를 쓰게 됐습니다. 위험하긴 하지만, 자신이 있다면 수익률을 높이는 무기가 된다고 생각합니다.

예측 대신 반응, 흐름에 올라타는 스캘핑

본인의 매매 철학을 한 문장으로 표현한다면요?

▶▶ 주식시장에 100%는 없다고 생각합니다. 아무리 완벽해 보이는 자리라도 1초 뒤 상황은 알 수 없어요. 예측에 의존하기보다는, 그 순간순간 주어지는 상황에 맞춰 즉각 대응하는 것이 수익률을 지키는 핵심입니다.

스캘핑 매매에서 가장 중요하게 생각하는 요소는 무엇입니까? 어떤 기준으로 종목을 선택하시는지 정말 궁금합니다.

▶▶ 제가 하는 스캘핑에서는 분석보다 반응 속도와 순간 판단력이 압도적으로 중요합니다. 시장에서 큰 매수 세력이 들어올 때 따라 들어가고, 큰 매도 물량이 빠질 때 따라 나오는 식이죠. 호가가 탄탄하고 체결 속도가 빠른 종목을 선호합니다. 거래대금이 많고 시장 관심이 집중된 종목일수록 좋습니다. 반대로 관리종목이나 경고종목처럼 미수 거래가 불가능한 종목은 피합니다.

그렇다면 종목은 어떻게 찾으시나요? 특별한 비법이 있나요?

▶▶ [2000] 주식 종합 화면과 [0198] 실시간 종목 조회 순위 화면을 항상 띄워두고, 제가 만든 검색식을 사용합니다. 조건은 아주 간단해요. 일분봉 기준 고가가 1% 이상 오른 종목을 모두 표시하게 설정해 두었습니다. 거래량 조건을 넣으면 그런 종목을 놓칠 수 있기 때문에, 가능성을 최대한 열어두고 등락률만 필터로 씁니다.

검색식이 느슨하다 보니 종목이 많이 뜨지만, 그중에서 다시 호가를 확인해 '들어갈 만하다'고 판단되는 종목만 매수합니다. 조건을 너무 빡빡하게 걸면 기회를 놓칠 확률이 커지거든요.

    그리고 전날 상한가를 친 종목은 무조건 관심종목에 넣어 지켜봅니다. 이런 종목은 다음 날에도 큰 변동성을 보입니다. 장 초반에 못 가더라도 오후에 급등하는 경우가 많아요. 눌림목 253쪽 **2** 참고이 나왔다가 재차 상승할 때 진입하는 편입니다.

기업의 펀더멘털이나 재료는 전혀 고려하지 않으신다는 건가요?

▶▶ 네, 거의 보지 않습니다. 다만 거래 과정에서 재료가 있다는 사실을 나중에 알게 되는 경우는 있어요. 재료 유무보다 호가와 흐름을 읽는 게 훨씬 중요합니다.

엄청나게 많은 종목을 매매하시는데요, 어떻게 관리하시나요?

▶▶ 전날 상한가 종목, 당일 강세 종목, 관심 테마 종목을 각각 관심종목 리스트에 넣고 관리합니다. 이렇게 하면 장중에 빠르게 찾아볼 수 있습니다.

HTS 세팅과 매매 기술의 비밀

매매 환경은 어떻게 구성되어 있나요?

▶▶ 원래는 노트북 하나로 매매했습니다. 2022년 대회에서 우승한 뒤 상금과 수익금으로 데스크톱을 마련했죠. 지금은 28인치 모니터 1대를 사용합니다.

    사람들이 "화면이 여러 대는 기본 아니냐"고 묻지만, 저는 주식 종합창 하나만 크게 띄워놓고 매매해요. 차트를 세밀하게 분석하지 않기 때문에 여러 창이 필요 없습니다. 오히려 화면에 빈 공간이 많죠.

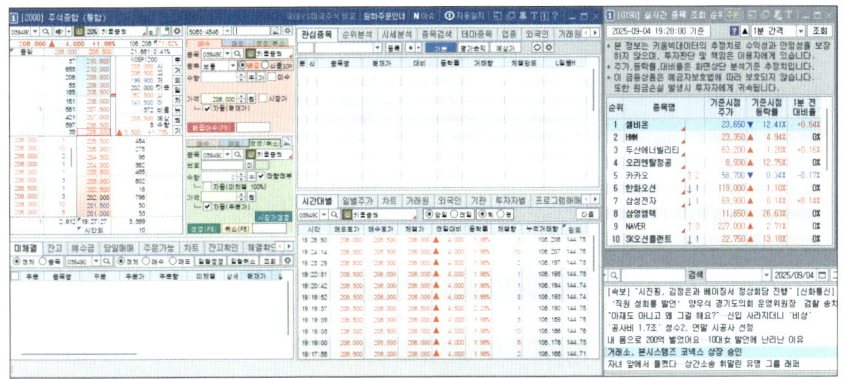

그림 20 캐리 님이 주식 종합, 실시간 종목 조회 순위, 뉴스를 함께 세팅한 화면
출처: 영웅문 HTS/MTS

호가창은 어떤 화면을 사용하시고, 어떻게 세팅하나요?

▶▶ [2000] 주식 종합을 메인으로 사용합니다. 이 화면 하나만으로도 매수·매도, 체결, 뉴스까지 한눈에 확인할 수 있어서 완벽하게 익숙해졌어요. 뉴스창은 작게 띄워 종목별 특징주 뉴스만 확인하고, 검색식과 실시간 종목 조회 순위를 함께 둡니다.

호가창 설정이나 표시 기능은 어떻게 활용하고 계세요?

▶▶ 가장 먼저 매수·매도 호가의 균형을 봅니다. 매수 호가가 어느 정도 받쳐주고 있어야 하락 시 방어가 가능하고, 매매할 가치가 있다고 판단해요. 매수 호가가 거의 비어 있는 종목은 상승 시 탄력은 있을 수 있어도, 하락하면 방어가 어렵습니다.

그리고 5,000만 원 이상의 큰 금액이 체결되면 호가창에서 색상을 다르게 표시하도록 설정했습니다. 숫자를 읽을 필요 없이 색깔만 보고 즉시 인지할 수 있어요. 큰 매수 체결이 들어오면 바로 따라 들어가고, 큰 매도 체결이 나오면 즉각 정리하는 식입니다.

체결 속도는 어떻게 판단하나요?

▶▶ 숫자를 세는 게 아니라 눈으로 흐름을 봅니다. 뉴스가 나온 직후처럼 갑자기 속도가 빨라지는 경우가 가장 뚜렷합니다. 프로그램 매매가 많은 종목은 체결 속도가 불규칙하고 등락폭이 심해서 피하는 편입니다.

HTS 주문은 어떤 방식으로 넣으세요?

▶▶ 장 시작 전 시초가 매매 때는 시장가 주문을 사용하지만, 장중에는 거의 쓰지 않습니다. 변동성이 큰 종목에서는 매도 호가 2~3호가 위까지 긁어서 매수를 체결시키는 방식을 주로 써요. 확신이 크면 위쪽 매도 물량을 한 번에 쓸어 올리기도 합니다.

　주식 종합 창의 정정 주문 기능이 제 매매 스타일과 잘 맞습니다. 가격을 미리 지정해두고, 클릭 한 번으로 즉시 정정할 수 있어 반응 속도가 더 빨라집니다.

여러 창을 안 쓰면 정보가 부족하지 않나요?

▶▶ 저는 차트 패턴이나 다중 지표를 보고 진입하지 않습니다. 제 매매는 호가 흐름과 체결 속도가 전부라고 해도 과언이 아닙니다. 그래서 필요한 정보는 한 화면에서 충분히 얻습니다. 오히려 화면이 많으면 시선이 분산돼 속도가 늦어질 수 있다고 봅니다.

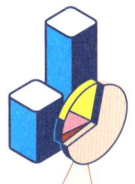

호가창 하나로 시장을 돌파한다!

저는 차트 패턴보다 체결 강도와 호가 변화 속도를 더 믿습니다. 그래서 경험이 가장 중요한 공부 방법이라고 생각합니다.

차트는 어느 정도 참고하시나요?

▶▶ 진입 판단은 거의 호가창만으로 합니다. 차트가 좋아 보여도 호가가 받쳐주지 않으면 안 들어갑니다. 다만 매수 후 끌고 갈지 여부나, 전고점254쪽 11 참고 돌파매매254쪽 17 참고 시에는 차트를 참고합니다.

전고점 돌파매매는 어떻게 하시나요?

▶▶ 저는 전고점 돌파매매와 VI255쪽 25 참고 발동 직전의 강한 양봉 패턴을 선호합니다. 돌파 직후 매수세가 몰리면 성공으로 보고 버티지만, 반대로 매도세가 쏟아지면 실패로 보고 즉시 손절합니다. 실패 시에는 돌파를 보고 들어온 신규 매수자와 기존 보유자가 동시에 매도로 돌아서면서 매도 압력이 폭발적으로 커지거든요.

VI 구간을 어떻게 활용하시나요?

▶▶ 저는 VI를 상당히 중요한 기회로 봅니다. 대부분 VI 발동 직전에 급등이 터져요. 장중에 종목을 보다가 갑자기 VI가 걸리면, 그 순간 시장의 모든 눈이 그 종목에 쏠립니다.

특히 절묘한 위치에서 VI가 걸릴 때가 많아요. 분봉상 하단 지지를 만들면서 우상향하는 구간이나 전고점 돌파 직전 같은 곳이죠. 이런 자리에서는 VI 해제 후 매수세가 폭발적으로 들어올 가능성이 높습니다.

VI 매매 포인트

- ✓ VI 직전 강한 양봉 형성 시 성공 확률 급상승
- ✓ VI 해제 후, 첫 번째 호가 흐름을 보고 매수·매도 결정
- ✓ VI 구간 진입 전 미리 매수했다가 해제 후 급등을 노리는 방식

상한가 종목은 어떻게 공략하시나요?

▶▶ 전날 상한가를 간 종목은 다음 날도 변동성이 큽니다. 아침 장 초반에 바로 가지 않아도, 오후에 재상승하는 경우가 많기 때문에 무조건 관심종목에 넣고 지켜봅니다.

전략은 눌림목에서 재상승 시 진입하는 겁니다. 전날 상한가에 도달했던 가격대가 강한 지지선이 되기 때문에, 이 가격을 무너뜨리지 않는 흐름이 나오면 매수 타이밍으로 봅니다.

상따 매매 포인트
- ✓ 전날 상한가 기록 → 다음 날 관심종목 등록
- ✓ 장 초반 급등 실패 후 오후 재상승 패턴 주목
- ✓ 전날 상한가 가격 부근이 지지로 작용할 때 진입

전고점 돌파 시 어떻게 대응하시나요?

▶▶ 돌파 직후 매수세가 몰리면 버티고, 매도세가 쏟아지면 망설임 없이 손절합니다. 돌파 실패 시, 신규 매수자와 기존 보유자가 동시에 매도에 나서 매도 압력이 급격히 커집니다. 이때 대응이 늦으면 크게 손실을 보게 돼요.

전고점 돌파매매 포인트
- ✓ 돌파 성공 : 매수세 지속 확인 → 홀딩
- ✓ 돌파 실패 : 즉시 손절, 필요 시 재진입
- ✓ 거래량보다 호가 매도벽과 체결 속도를 절대적으로 신뢰

낙주매매는 어떤 방식인가요?

▶▶ 돌파매매와 정반대 개념입니다. 급등하던 종목이 급락할 때, 호가창에서 두터운 매도 물량이 지지로 작용하는 구간 바로 아래에 매수 주문을 걸어 반등을 노립니다.

차트보다 호가창의 매물벽253쪽 9 참고을 절대적으로 믿어요. 급락 시에는 매수 물량이 적어서 큰 포지션은 못 잡으니 비중을 최소화하고, 반등이 나오면 번개처럼 정리합니다.

> **Key Point**
>
> **낙주매매 포인트**
> - ✓ 하락 중 두터운 매물벽 확인
> - ✓ 매물벽 아래에 매수 주문 대기
> - ✓ 반등 시 신속한 매도, 비중은 소규모

이어서 대량 체결을 추종하는 매매에 대해서도 여쭤볼게요. 큰돈의 기준은 무엇이며, 어떻게 활용하나요?

▶▶ 앞서도 말했지만, 보통 5,000만 원 이상의 체결을 큰돈으로 봅니다. 호가창에서 색상을 다르게 표시해 두었기 때문에, 숫자를 읽는 대신 색깔이 보이면 즉시 대응할 수 있습니다.

큰 매수가 터지면 따라 들어가고, 큰 매도가 나오면 즉시 정리하는 식이죠. 단, 큰돈이 한 번 들어왔다고 방향이 확정되는 건 아니므로, 연속성을 반드시 확인합니다.

돌파 실패 후 대응은 어떻게 하시나요?

▶▶ 돌파를 시도했는데 힘을 못 받고 바로 매도세가 쏟아지면 주저 없이 매도합니다. 왜냐하면 돌파를 보고 들어온 신규 매수자들뿐만 아니라, 돌파를 예상하고 보유하던 기존 매수자들도 한꺼번에 매도로 전환하기 때문에 매도 압력이 훨씬 커지거든요. 그 순간을 놓치면 패닉셀처럼 물량이 쏟아져 손실이 커질 수 있으니, 실패를 확인하는 즉시 빠져 나오고, 이후에 흐름이 다시 좋아지면 재진입을 노립니다.

손실이 났을 때는 어떻게 대응하시나요?

▶▶ 아침 장에서 매매가 끝나고 11시 전후가 되면 시장 분위기가 눈에 띄게 달라집니다. 수급이 빠지면서 제가 주로 하는 전고점 돌파매매가 잘 안 먹히죠. 그래서 이 시간 이후에는 비중을 확 줄입니다.

손절은 그날그날의 흐름과 호가 상황에 맞춰서 잡는데, 아무리 손절가를 정해놔도 이른바 폭포수처럼 쏟아지는 매도세는 피하기 어렵습니다. 그럴 땐 그냥 맞는 거죠. 손실을 최소화하려고 하지만, 때로는 맞을 수밖에 없는 자리가 있습니다.

손실이 크게 날 때 심리 상태는 어떻습니까?

▶▶ 머리가 하얘지고, 그때부터는 판단력이 무뎌집니다. '여긴 들어가면 안 된다'는 걸 알면서도 무작정 들어가고, 버티면 안 되는 구간인데도 더 끌고 가는 식이죠. 이게 바로 뇌동매매 254쪽 14 참고에 빠진 상태입니다.

특히 목표 수익을 채우지 못한 날에는 '오늘은 꼭 채워야 한다'는 생각이 강해져서 무리하게 진입하게 되고, 그러다 보면 수익이 마이너스로 돌아서고 그때부턴 잃을 걸 알면서도 계속 매매하는 악순환에 빠집니다.

손절과 뇌동매매의 자기 통제

이런 뇌동매매를 줄이는 방법이 있나요?

▶▶ 대회에 나가는 겁니다. 대회에서는 '한 번의 실수가 전체 성적에 치명타'가 된다는 걸 아니까, 자연스럽게 조심하게 됩니다. 실제로 대회 기간엔 무리한 진입을 줄이고, 마우스를 내려놓는 시간이 많아집니다. 마치 게임에서 결승전 한 판을 하는 듯한 집중력이 생깁니다.

하루 목표 수익은 어떻게 설정하시나요?

▶▶ 예를 들어 목표를 1,000만 원으로 잡았는데 600만 원만 벌었다면, 나머지 400만 원을 채우려다 손실로 이어지는 경우가 많습니다. 그러다 보면 순식간에 마이너스로 돌아서죠. 그래서 요즘은 목표 금액을 채우는 것보다 손실을 최소화하는 것에 더 집중하려고 합니다.

큰 금액을 굴릴 때와 소액일 때 리스크 관리 방식은 다릅니까?

▶▶ 다릅니다. 소액일 때는 '조금이라도 안 가면 바로 판다'는 원칙을 지키기 쉽습니다. 하지만 수십억 원 단위로 매매하면, 제 주문 자체가 호가창에 영향을 줄 수 있어 바로 대응하기 어렵습니다. 이럴 땐 제 진입 단가가 아니라, 장대 양봉이 깨지는 지점처럼 시장 참여자들이 공감할 수 있는 기준선을 손절 라인으로 잡습니다.

손실을 본 다음 날은 어떻게 하시나요?

▶▶ 다음 날이면 거의 다 잊습니다. 손실이 나면 기분이 좋을 수는 없지만, 시장에선 다음 날에도 반드시 오르는 종목이 있다고 믿습니다. 그 믿음이 다시 매매하게 하는 힘이죠.

매매에서 가장 욕심이 생기는 순간은 언제인가요?

▶▶ 목표 수익에 조금 못 미쳤을 때입니다. '조금만 더'라는 생각이 들면, 그때부터 위험해집니다. 차라리 그날은 그만두는 게 낫지만, 아직도 완벽히 절제하진 못합니다. 제 경험상, 그 순간이 손실로 이어질 가능성이 높습니다.

이렇게 짧은 시간에 폭발적으로 성장할 수 있었던 비결은 무엇입니까? 정말 타고난 천재이신가요?

▶▶ 재능이 특별히 뛰어나서라기보다 절실함이 컸습니다. 주식으로 무조건 돈을 벌겠다는 생각 하나로 시작했고, 다른 어떤 일보다 우선순위를 두고 파고들었습니다.

처음엔 주식이 용돈벌이 정도나 될까 싶었는데, 실제로 매매해 보니 순식간에 큰돈이 증발할 수 있다는 걸 뼈저리게 체감했습니다. 이 충격이 저를 각성시켰어요 "장난으로 할 게 아니구나"라는 깨달음이 생긴 거죠.

초기에 손실을 경험한 게 오히려 도움이 됐나요?

▶▶ 빨리 깨달아서 천만다행이라고 생각합니다. 어렵게 번 큰돈을 한순간에 잃는 것보다, 초기에 작게라도 잃어보면서 그 가치와 무게를 빨리 체감한 게 도움이 됐습니다. 이때 생긴 경각심이 지금의 매매 원칙에도 녹아 있습니다.

매매 실력은 어떻게 키우셨나요? 독학으로 이런 경지에 오르다니 믿기지 않습니다.

▶▶ 앞에서 말씀드렸듯이, 유튜브나 강의는 거의 보지 않았습니다. 하루 종일 장이 열리는 동안 호가창, 체결 흐름, 뉴스 반응을 관찰했습니다.

저는 차트 패턴보다 체결 강도와 호가 변화 속도를 더 믿습니다. 결국 경험이 유일한 스승이라고 믿어요.

게임 경험이 매매에 영향을 줬다고 했는데, 구체적으로 어떤 점이 비슷한가요?

▶▶ 게임에서는 스킬을 언제 쓰느냐, 진입과 후퇴를 언제 하느냐가 승부를 가르죠. 매매도 마찬가지입니다. 남들보다 먼저 매수 버튼을 누르고, 먼저 매도해서 이익을 확정 지을 때 오는 짜릿함은 게임에서 '킬'을 따는 것과 비슷합니다. 그래서 저는 매매 자체를 즐깁니다. 수익이 목적이지만, 매매 과정에서 느끼는 몰입감 자체가 좋습니다.

현재 목표는 무엇인가요? 이미 정상에 오르신 것 같은데요.

▶▶ 각 리그별 1위 상패를 모두 모으는 게 목표입니다. 이미 1백 리그 상패는 있고, 이제 5백 리그 1위를 노리고 있습니다. 상패는 단순한 트로피가 아니라, 제가 시장에서 거둔 기록과 성취의 상징입니다.

하지만 3천 리그나 1억 리그 도전은 당분간 계획이 없습니다. 스캘핑 스타일로는 3천 리그에서 1위를 하기가 쉽지 않고, 1억 리그는 자금 규모와 변동성 면에서 제 스타일과 맞지 않습니다.

앞으로 매매 스타일에 변화를 줄 계획이 있습니까?

▶▶ 기본 철학과 원칙은 유지할 겁니다. 다만 시장 상황에 맞춰 조정은 하겠죠. 예전에는 '말도 안 되는 종목'에도 진입했지만, 요즘은 확실한 종목 위주로 가려 합니다. 리스크는 최소화하되 기회는 절대 놓치지 않는 방향으로요.

경쟁하고 싶은 상대가 있나요?

▶▶ 비슷한 수익률을 내는 참가자들과 겨뤄보고 싶습니다. 이번 대회에서는 1천 퍼센트 넘는 참가자가 없어서 아쉬웠습니다. 실력 있는 상대가 많아야 저도 더 잘할 수 있다고 생각합니다. 진검승부가 가능한 환경에서 제 한계를 시험해 보고 싶습니다.

캐리 트레이더의 **투자 원칙**

1. **예측 대신 반응, 흐름에 올라타라.** 100%는 없다. 예측보다 순간 주어지는 상황에 맞춰 빠르게 대응하라.

2. **경험이 가장 중요한 공부다.** 호가창과 체결 흐름을 관찰하고 복기하는 것이 실력 향상의 지름길이다.

3. **호가창이 곧 진입 판단의 기준.** 호가가 받쳐주지 않으면 진입하지 않는다. 호가창의 균형과 체결 속도를 최우선으로 본다.

4. **낙주와 상한가를 공략하라.** 급락 시에는 호가창 매물벽을 믿고 반등을 노리고, 상한가 종목은 눌림목을 기다려 재차 상승을 공략한다.

5. **뇌동매매를 제어할 장치를 마련하라.** 하루 목표 수익에 집착하거나, 감정에 휩쓸릴 때는 대회 출전처럼 스스로 제어할 외부 장치를 활용한다.

변동성을 사냥하는
속도의 투자자

PART 8
트레이더
월억언제해보나

스캘핑
❹

문제를 해결하는 대신
상류로 가서
애초에 문제가 발생하지
않도록 시스템을 바꿔라.

에드워드 드 보노
심리학자, 발명가, 철학자

- 본 도서에 기재된 모든 내용은 투자자에게 일반적인 투자정보 제공을 목적으로 배포되는 것입니다. 따라서 개별종목에 대한 추천이 아니며 투자판단의 최종 책임은 고객 본인에게 있습니다. 어떠한 경우에도 도서에서 제공되는 내용이 고객의 투자결과에 대한 법적 책임소재의 증빙자료로 사용할 수 없습니다.
- 본 도서는 투자자의 투자를 돕기 위해 제작된 당사의 저작물이며 어떠한 경우에도 복사, 전송, 변형될 수 없습니다.
- 본 도서는 당사가 신뢰할 만하다고 판단되는 정보와 자료에 기초하여 작성된 것이나, 그 정확성이나 완전성을 보장할 수 없습니다. 본 도서에 포함된 내용은 작성일의 판단을 반영한 것이며, 추후에 그 내용 및 정확성이 변경될 수 있습니다.

　월억언제해보나 님은 '마킹 트레이딩'이라는 독창적인 모니터링 기법으로 실전투자대회에서 7주 만에 1억 원 이상의 수익을 거둔 실전형 트레이더입니다. 대학 시절 1천만 원으로 시작해 한 달 만에 깡통을 차고, 2년간의 긴 손실 구간을 겪었던 그는 비트코인 투자로 50만 원을 2억 원으로 불리는 극적인 반전을 경험했습니다. 이후 다시 주식시장에서 손실을 딛고 200만 원으로 재기하며, 짧지만 드라마틱한 투자 여정을 걸어왔습니다.

　그의 매매 철학은 "벌 때 벌고, 지킬 때 지키자"로 요약됩니다. 평소에는 소액 단타로 숙련도를 쌓았고, 기회가 올 때는 주도주 매매로 베팅력을 키워 큰 수익을 실현했습니다. 핵심 도구는 바로 '마킹 트레이딩'입니다. 수익 실현 후 해당 종목의 고점 부근에서 1주를 남겨두고, 실시간으로 등락을 관찰하며 저항 돌파 여부를 즉시 확인해 재진입 타이밍을 포착하는 방식이죠.

그의 매매 시스템은 HTS 환경에 최적화되어 있습니다. F9·F12 단축키를 활용한 원클릭 매매, 쾌속 툴바를 통한 정정·취소 주문, 실시간 종목 조회 순위, 프로그램 수급, 뉴스 필터링 창 등을 통해 초단타 매매의 흐름을 놓치지 않도록 설계되었습니다. 장전에는 뉴스와 증시 캘린더를, 장중에는 '1분 1% 급등 감지' 조건검색식을 가동해 변동성이 발생하는 종목을 추적합니다.

거래대금, 관심도, 시장 분위기를 종합해 종목을 선택하며, 특히 시장 참여자와 고수들이 매매하는 주도주를 최우선으로 감시합니다. 실시간 조회 순위 급상승이나 2시간 이상 상위권 유지 같은 '관심도 신호'를 주목하는 것도 특징입니다. 호가창에서 대기 물량이 매도벽을 돌파하는 순간을 기회로 보고, 철저히 훈련된 기계적 손절·익절로 리스크를 통제합니다.

오전에 번 수익을 오후에 모두 날리던 시절을 반성하며, 그는 계좌 분리, 시간대별 전략, 예수금 조절로 감정적 매매를 차단하는 생존 전략을 확립했습니다. 월억언제해보나 님의 이야기는 단타 매매에서 살아남기 위해서는 기법보다 시스템, 그리고 시스템보다 계좌를 지키는 힘이 더 중요하다는 사실을 보여줍니다.

영상 보러가기

1천만 원으로 월 1억을 버는 사나이가 있다고 해서 찾아가봤습니다

마킹트레이딩을 직접 알려주신다고 합니다

깡통에서
메이저리그까지

여러 번 깡통을 차고, 또 벌었다가 잃는 과정을
반복하면서 저만의 방식을 발전시킬 수 있었습니다.

자신을 어떤 유형의 트레이더로 정의하십니까?

▶▶ 자잘한 매매를 엄청나게 많이 하는, 어떻게 보면 촐싹거리는 트레이더라고 할 수 있습니다. 처음부터 그런 매매 위주로 하다 보니 그 방식에 숙련도가 쌓였습니다. 하지만 이런 매매는 베팅 금액에 한계가 있어 수익금도 정해져 있는 편입니다.

흔히 말하는 '마이너리그'에서만 주로 놀다가, 수익금의 한계를 극복하고자 주도주 매매도 연습할 겸 대회에 참가했습니다. 마침 불장이었던 때를 기회 삼아 주도주에 대한 베팅을 키운 덕에 큰 수익을 달성할 수 있었던 것 같습니다.

주식투자를 시작하게 된 계기와 초기 투자 경험이 궁금합니다.

▶▶ 주식은 2015년부터 시작했습니다. 대학 시절 모아둔 생활비 중 1천만 원을

가지고 지인의 권유에 따라 셀트리온 가치투자에 입문했습니다. 하지만 같은 날 상한가를 가는 종목들을 보고 바로 단타에 관심이 생기기 시작했고, 그 결과 한 달 만에 깡통을 찼습니다. 깡통을 찬 뒤 단타 공부를 시작했지만, 약 2년 동안 일해서 번 돈을 시장에 투입했다가 다시 손실을 보는 과정을 반복했습니다.

그러다 2017년 말, 비트코인 광풍이 불었을 때 운 좋게 50만 원으로 2억 원 이상을 벌었고, 그 돈으로 졸업과 동시에 전업을 시작했습니다. 하지만 운으로 번 돈이다 보니, 주식에서는 조금씩 잃게 되더군요. 결국 코로나19 이전에 대부분 탕진했습니다. 코로나19 이후, 200만 원으로 다시 시작해 지금까지 이어오고 있습니다.

2020년 이후 큰 수익을 내다가 한 차례 손실을 겪은 뒤, 2023년부터는 월 1천만 원 이상의 꾸준한 수익을 내고 계십니다. 투자 패턴에 어떤 변화가 있었나요?

▶▶ 솔직히 팬데믹 때는 리스크 관리를 크게 하지 않고 베팅만 늘리는 편이었습니다. 그런데 한 번 크게 손실을 입고 나니, 베팅력을 잃고 겁이 나더군요. 한동안은 소액 매매만 했습니다. 그러다가 대회를 기점으로 다시 베팅력을 늘리게 되었죠. 대회에서 총 매수 금액이 100만 원, 1,000만 원, 1억 원, 10억 원, 100억 원, 1,000억 원, 6,000억 원까지 불어났습니다.

총 매수 금액이 어마어마합니다. 이게 일반 계좌잖아요. 또 다른 계좌를 가지고 계시다고요?

▶▶ 주로 단타 계좌 2개를 썼는데, 하나는 오전장용, 하나는 오후장용이었습니다. 오전장과 오후장의 특성이 다르다 보니, 매매의 한계를 확인해보려고 한동

안 나눠서 운영한 적이 있었습니다. 그렇게 해서 오전장 매매와 오후장 매매의 특성을 체득했습니다. 지금은 계좌를 따로 쓰고 있지는 않지만, 그 방법이 저에게는 도움이 됐습니다.

신용·미수를 사용하시는 만큼 예수금 관리가 중요할 것 같습니다. 특별한 세팅 방식이 있나요?

▶▶ 신용·미수를 모두 사용할 수 있는 상태에서, 제가 감당할 수 있는 베팅금의 한도 내에 예수금을 세팅해 놓습니다. 예수금을 먼저 다 넣어놓으면 감당할 수 없는 베팅을 하게 될 수 있으므로, 아예 예수금 차원에서 리스크를 관리하는 것입니다.

아침 8시부터 승부는 시작된다

보통 몇 시부터 거래 준비를 시작하십니까?

▶▶ 아침 8시에 컴퓨터를 켭니다.

가장 먼저 확인하는 것은 무엇인가요?

▶▶ HTS뿐 아니라 다른 매체에서 장전 뉴스를 먼저 확인합니다. 주로 인포스탁에서 증시 캘린더와 장전 이슈를 봅니다. 증시 캘린더에는 신규 상장 종목이나 특이 일정이 정리돼 있어 살펴보고, 장전 이슈 메뉴에서는 중요한 뉴스들을 확인합니다.

　장이 끝난 뒤에는 상한가 종목을 정리하고, 다음 날 시초에 볼 종목을 목록에

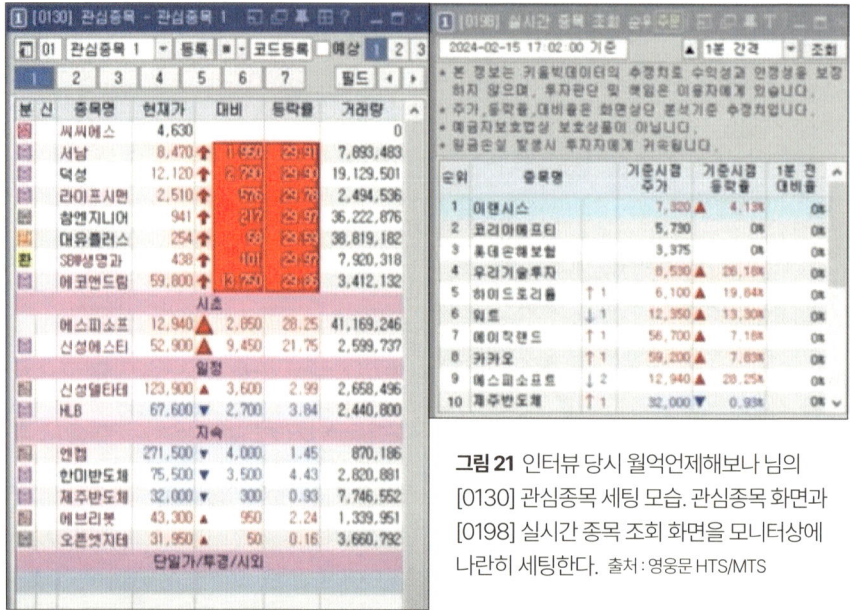

그림 21 인터뷰 당시 월억언제해보나 님의 [0130] 관심종목 세팅 모습. 관심종목 화면과 [0198] 실시간 종목 조회 화면을 모니터상에 나란히 세팅한다. 출처: 영웅문 HTS/MTS

넣어둡니다. 일정이 있거나 개인적으로 계속 주시할 종목도 같이 포함시킵니다. 아침 장전에 그 목록을 열어 확인하는 루틴을 가지고 있습니다.

관심종목 목록은 전날에 정리하십니까, 아니면 당일 아침에 만드십니까?

▶▶ 전날에 미리 넣을 수도 있고, 아침에 넣을 수도 있습니다. 다만 기준은 '시장에서 가장 관심이 집중된 종목'입니다.

종목 옆에 '지속'이라고 표시된 것은 어떤 의미인가요?

▶▶ 하루짜리 관심종목이 아니라, 며칠 이상 계속 주시할 종목이라는 뜻입니다. 스윙 관점에서도 매매할 수 있는 종목들을 이렇게 표시해 둡니다.

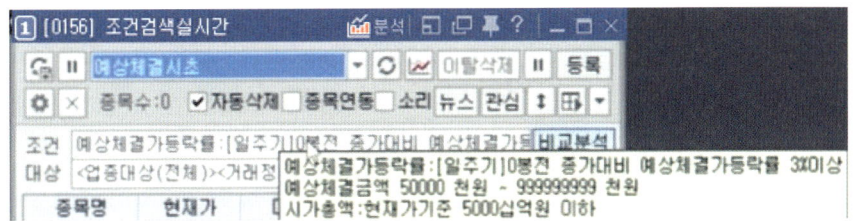

그림 22 인터뷰 당시 월억언제해보나 님의
[0156] 조건검색실시간 화면 세팅 모습
출처 : 영웅문 HTS/MTS

8시 40분부터 예상 체결가가 뜨는데, 조건검색을 활용하십니까?

▶▶ 조건검색식을 보면 그 사람이 어떤 전략으로 거래하는지를 알 수 있습니다. 무엇을 중요하게 보는지, 어떤 조건을 설정했는지에 따라 매매 포인트가 드러나죠. 제 검색식에 특별할 건 없습니다. 종목의 최종 판단은 제가 직접 하기 때문에, 일단 걸리기만 하도록 단순하게 만들어 뒀습니다.

조건식 이름이 '예상체결시초'인데, 예상 체결가에 해당하는 종목이 자동으로 뜨도록 설정하셨나요?

▶▶ 네, 예상 체결 등락률이 전일 종가 대비 3% 이상인 종목이 나오도록 설정해 뒀습니다. 그 종목들을 돌려보면서 '의미 있는 시가인지' 여부를 판단해 매매에 참고합니다.

예상 체결 등락률과 함께 예상 체결 금액 조건도 설정하셨습니다. 특별한 이유가 있나요?

▶▶ 네, 금액 조건은 소액 거래로 예상 시가를 띄우는 종목을 걸러내기 위해 넣었습니다.

단타 매매 시 거래량이 적거나 너무 무거운 종목은 제외하는 기준이 될 수 있겠군요. 이 조건식을 지금도 사용하십니까?

▶▶ 네, 예상 체결 조건식은 아침 8시 40분부터 장 시작 전까지 참고합니다. 장 시작 후에는 전일 상한가 종목과 미리 뽑아둔 관심종목들을 주로 봅니다.

저는 잔고 창에 관심종목을 1주씩 매수해 넣어두고, 종목 흐름을 돌려보곤 합니다. 이 방법을 통해 종목의 움직임을 실시간으로 관찰하고, 재진입 타이밍을 포착할 수 있습니다.

다른 계좌까지 합하면 총 2억 8천만 원 정도이니, 최근에는 월 1천만 원, 5천만 원, 6천만 원씩 수익을 내신 거네요. 기본적으로 한 달에 수천만 원씩 꾸준히 버시는 셈입니다. 장 상황과 크게 상관없이 이렇게 수익을 내시나요, 아니면 시장 흐름에 영향을 많이 받으시나요?

▶▶ 노력은 해야 하는 것 같습니다. 장이 좋지 않을 때는 저도 의도적으로 매매를 줄이려고 노력합니다. 하지만 그게 잘 안되면 아무래도 손실 폭이 커질 수밖에 없습니다. 시장이 나쁘면 수익이 줄어드는 것은 어쩔 수 없는 일입니다. 그래서 최대한 예수금으로 조절하는 편입니다.

예수금 조절이 리스크 관리의 핵심이군요. 시장이 좋지 않을 때 예수금을 줄이는 것이 큰 차이를 만듭니까?

▶▶ 이 부분은 사람마다 다를 것 같습니다. 저는 원래 소액 매매에 익숙해서 예수금을 줄이는 것이 크게 어렵지 않습니다. 하지만 큰 금액을 운용하는 분들은 저처럼 극단적으로 줄이기는 쉽지 않을 겁니다. 그분들도 나름대로 조절은 하시겠지만, 규모를 크게 줄이지는 않으실 거라 생각합니다.

돈이 몰리는 흐름만 공략한다!
시세를 뜯어먹는 기술

시세가 살아 있는 종목,
특히 거래대금이 몰리는 주도주에 답이 있습니다.

처음에는 큰 수익을 못 내다가, 어떤 계기가 생기면 급격히 수익이 늘어나는 경우가 있습니다. 그런 전환점을 겪으셨나요?

▶▶ 한 번에 1억 원 이상을 베팅하는 건 쉽지 않습니다. 그 이상 베팅하려면 주도주에서 움직여야 하는 경우가 많죠. 반면, 1억 원 미만으로 매매할 때는 매매 가능한 종목이 더 많다 보니 잡주에도 자주 손을 대게 됩니다. 그 과정에서 수익과 손실이 반복되는 경우가 많습니다.

결국 '이겨야 하는 매매'를 더 늘리고, '지는 매매'를 줄여야 하는데, 사람이기 때문에 이게 말처럼 쉽지 않습니다. 저 역시 그 과정에서 수많은 시행착오를 겪었어요.

주도주에 답이 있다고 하셨는데, 주도주는 어떤 종목입니까?

▶▶ 주도주에는 경험 많은 고수들이 항상 포진해 있습니다. 그분들이 괜히 고수가 아니죠. 오랫동안 시장에서 살아남을 수 있었던 이유 중 하나가 바로 주도주 중심 매매였다고 생각합니다. 저는 주도주를 '시장에서 가장 많은 참여자들이 관심을 가지는 종목'이라고 봅니다.

그렇다면 '많이 본다'는 기준은 어떻게 잡으시나요? 사실, 어떤 종목이 시장에서 얼마나 관심을 받고 있는지 명확히 알기는 어렵잖아요.

▶▶ 저는 그것을 좀 상대적으로 보려고 합니다. '현재 시장 참여자들이 이 종목을 다른 종목보다 더 많이 보고 있는 것 같다'는 느낌을 체크하는 식입니다.

'많이 본다'는 것을 확인할 수 있는 구체적인 징후나 지표가 있나요?

▶▶ 주로 [0198] 실시간 종목 조회 순위 화면을 활용합니다. 이를 통해 사람들이 현재 어떤 종목에 가장 많은 관심을 갖고 있는지를 체크합니다.

실시간 종목 조회 순위를 보는 분들이 많더군요. 순위 변동이 심한데, 어떤 기준으로 종목을 선별하십니까?

▶▶ 종목이 오르려면 많은 사람의 관심이 필요하다고 생각합니다. 그래서 실시간 종목 조회 순위에 오르는 종목은 기본적으로 주목해야 합니다. 또, 경험 많은 고수들도 해당 순위에 오른 종목을 주로 매매하는 경우가 많습니다. 그분들이 베팅하면 자연스럽게 큰 자금이 유입되고, 이는 주가 상승의 원동력이 됩니다. 그래서 저는 가능하면 그분들과 같은 종목을 보려고 노력하고 있습니다.

입질이 오는 순간을 포착하라

주도주를 거래하는 '헤비 트레이더'들의 매수 유입은 어떻게 판단하십니까?

▶▶ 호가창을 보다 보면, 어느 순간 분위기가 달아오르는 때가 있습니다. 그때 큰 물량이 빠르게 체결되는 경우가 많죠. 저는 이런 순간의 심리를 최대한 활용합니다. 호가창에 대기 중이던 큰 물량이 '잡아먹히는' 순간, 혹은 그 직전 상황을 포착하려고 합니다.

호가창의 변화를 읽는다는 점이 마치 '입질이 오는 순간'을 포착하는 것 같네요. 주로 호가창만 보십니까, 아니면 다른 체결·물량 관련 창도 활용하시나요?

▶▶ 거의 호가창 위주로만 봅니다. [8282] 화면 같은 실시간 체결 전용 기능은 사용하지 않고, 매매 시에는 [2000] 주식종합 화면만 활용합니다. 이 화면에서는 호가창, 잔고 창, 당일 등락률 순위, 차트를 한 번에 볼 수 있어 편리합니다. 사람마다 선호하는 방식이 다르겠지만, 저는 이 주식종합 창의 구성이 제 매매 스타일과 잘 맞아서 애용하고 있습니다.

지금 하시는 거래 방식은 일반 직장인이나 휴대폰으로 간단히 주식 거래를 하는 분들이 따라 하기에는 어려운 매매 맞죠?

▶▶ 네, 이건 시장을 계속 모니터 앞에서 실시간으로 지켜보는 사람만 할 수 있는 매매입니다.

스윙 투자자들이 저점에서 진입했다가 오르지 않으면 바로 매도하는 것처럼, 스캘핑 254쪽 19 참고도 기대한 만큼 오르지 않으면 무조건 파는 '기계적인 반복'

이라고 보면 될까요?

▶▶ 그렇죠. 저는 이런 '기계적인 손절과 익절'을 제 손에 완전히 체득시키는 데 상당한 시간을 들였습니다. 이 과정이 쉽지 않더군요. 많은 사람들이 손절을 제때 하지 못해 한 번에 큰 손실을 보는 경우가 많습니다. 그래서 저는 이 부분이 가장 어려운 요소라고 생각합니다.

마킹 트레이딩 기법이란?

거래 중간에 '마킹 트레이딩'이라는 독특한 기법을 사용하십니다. 메인 거래 외에 관심 있는 종목을 한 주씩 매수해 두는 것이라고 들었습니다. 맞습니까?

▶▶ 원래는 '정찰병'이라고 불렀는데, 대회에서 '마킹'이라는 표현을 쓰셔서 저도 그렇게 부릅니다. 저는 종목 모니터링을 할 때 차트를 여러 개 띄워 놓지 않아요. 대신, [2000] 주식종합 화면의 잔고 창에 관심종목을 1주씩 편입시켜 둡니다. 이렇게 하면 내가 산 시점 대비 현재 주가가 올랐는지 떨어졌는지 한눈에 확인할 수 있어 편리합니다.

예를 들어 A 종목을 거래하면서, B·C·D 종목을 각각 1주씩 매수해두고, 메인 거래가 끝난 뒤 이 종목들이 오르는지 하락하는지를 확인하시는 거군요?

▶▶ 네, 맞습니다. 마킹을 하는 이유는 '이 종목을 주목하겠다'는 표시입니다. 매매 종목이 많다 보니, 관심종목에 넣고 빼는 작업이 번거롭거든요. 하지만 1주씩 매수·매도하면 훨씬 빠르고 편합니다.

마킹이 월억 님의 수익 창출에도 중요한 역할을 하나요?

▶▶ 네, 그럼요. 수익을 내고 나온 종목이라도 매도 시점 이후 추가 상승할 수 있습니다. 그래서 매도 직후 1주를 꼭 다시 삽니다. 그 주가가 플러스가 되면, 이는 직전 고점 저항을 돌파했다는 신호일 수 있습니다. 그래서 한 주를 계속 남겨두고, 오르면 반복적으로 매매합니다.

마킹할 종목은 아무렇게나 찍는 건가요? 아니면 '다시 오를 가능성이 높은 자리'를 기준으로 하나요?

▶▶ 처음에는 아무렇게나 찍을 때도 있지만, 이후 흐름을 보면서 조정합니다. 올랐다가 떨어질 때 팔았다가 다시 고점 근처에서 사는 방식이죠. 이렇게 하면 평단이 고점에 형성되어, 잔고 창에서 상황을 파악하기 좋습니다.

원래는 매도 후 한 주를 남기지 않았는데, 매도하고 나서 시간이 지나고 보니 판 시점보다 주가가 더 올라 있는 경우가 많았습니다. 이를 방지하기 위해 한 주를 남기는 방식으로 바꿨습니다. 다만, 이건 엄밀히 말해 기법이라기보다 '효율적인 모니터링 방법'입니다. 제 매매 스타일에 맞는 관찰법을 만든 거죠.

> **Key Point**
>
> **마킹 트레이딩의 핵심 4단계**
>
> **1단계** **수익 실현 후 즉시 1주 매수** : 매도 후 고점 부근에 1주를 다시 매수해 잔고 창에 등록
> **2단계** **실시간 등락 모니터링** : 잔고 창을 통해 현재가와 평단가를 비교하며 등락률을 실시간으로 확인
> **3단계** **재진입 신호 포착** : 주가가 플러스 상태를 유지하면 저항을 돌파했다는 신호로 간주, 재진입을 검토
> **4단계** **평단가 관리** : 하락 시 재매수로 평단가를 고점 부근에 유지하여 흐름을 쉽게 파악

시스템을 통해 속도를 구축하라

스캘핑 속도가 굉장히 빠르시던데, 특별한 노하우가 있나요?

▶▶ 제가 [2000] 화면을 사용하는 이유가 있습니다. 여기 보시면 F9와 F12라는 단축키가 있어요. 저는 이 단축키를 활용해 매매 속도를 높입니다.

기본적으로 한 번 매수할 때는 1천만 원으로 설정해 둡니다. 중요한 것은 가격 설정인데, 매수 가격을 '현재가 -1호가, +1틱'으로 설정합니다. 예를 들어 SP소프트가 -1호가 기준 12,930원이면, +1틱을 적용해 12,940원에 주문이 들어가는 식입니다. 거의 현재가이지만, 빈 호가에 잘못 들어가 고가에 매수하는 것을 방지하기 위한 세팅입니다.

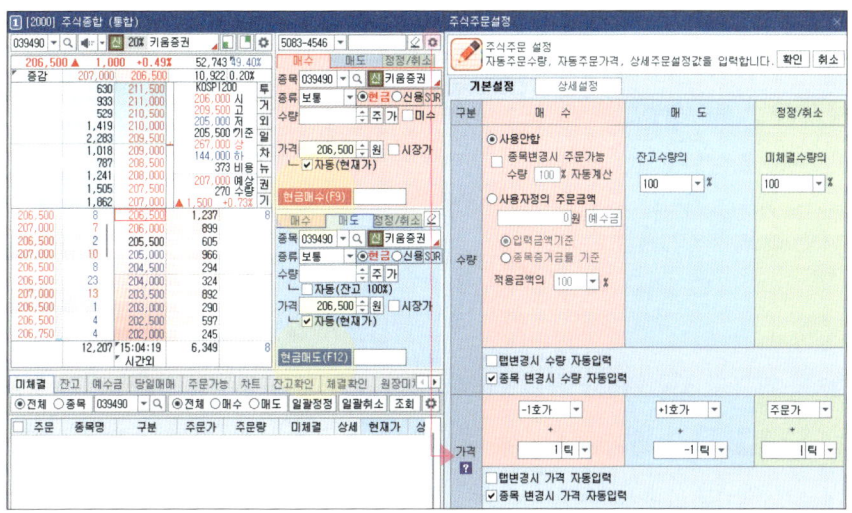

그림 23 [2000] 주식종합 화면에서는 F9와 F12 단축키를 이용한 간편 매수·매도 기능을 제공한다.
월억언제해보나 님은 가격 설정 기능을 이용하여, 매수 가격을 설정해둔다.
예를 들어 '현재가 -1호가, +1틱' 그리고 '현재가 +1호가, -1틱'으로 설정하는 식이다.
출처: 영웅문 HTS/MTS

현재가로 바로 매수하지 않고, 가격을 조정하는 이유가 고가 매수를 피하기 위해서군요.

▶▶ 물론 급하게 매수해야 할 때는 호가를 올려서 사는 경우도 있습니다. 다만 기본 세팅은 항상 그렇게 해둡니다.

매수는 F9, 매도는 F12로 하십니까?

▶▶ 맞습니다. 매도는 반대로 '현재가 +1호가, -1틱'으로 설정해 스프레드를 조금 줄입니다. 기본 세팅은 이렇게 해두지만, 정말 빨리 팔아야 할 때는 가격을 내려서라도 바로 매도하기도 합니다.

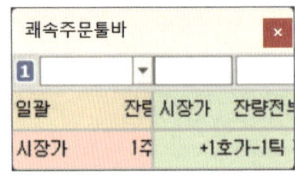

그림 24 마킹 트레이딩을 위한 1주 주문은 쾌속주문툴바 기능을 주로 이용한다. 출처: 영웅문 HTS/MTS

매수할 때는 원하는 가격을 지정하고 F9을 누르면 바로 체결되는 '원클릭 주문'이네요. 그래서 그렇게 빠르셨군요. 그렇다면 마킹 트레이딩 시 1주 매수는 어떻게 하시나요?

▶▶ 제가 화면을 끄지 않은 이유가 있는데, 바로 쾌속 주문 툴바 때문입니다. 쾌속 툴바를 따로 빼놓고, 여기에 '1주 매수', '일괄 취소', '정정 주문'을 넣어두고 사용합니다. 1주 매수 버튼을 누르면 현재가에서 -1틱 가격으로 주문이 들어가게 해뒀고, 정정 주문도 마찬가지로 시장가 정정이나 가격 조정을 바로 할 수 있도록 세팅해 두었습니다.

월억언제해보나의 HTS 단축키 세팅

- ✓ **F9** : 1천만 원, 현재가 -1호가 +1틱 매수
- ✓ **F12** : 현재가 +1호가 -1틱 매도
- ✓ **쾌속주문툴바** : 1주 매수, 일괄 취소, 정정 주문 등

러닝머신에서 속도가 너무 빠를 때 빨간 버튼을 눌러 멈추듯, 잔량 취소나 전량 취소 같은 기능을 넣어 두신 건가요? 아니면 한 주씩 매수·매도할 수 있는 박스를 따로 만들어 두신 건가요?

▶▶ 지금은 순서가 정리돼 있지는 않지만, 예를 들어 1주 매수를 심어 놓을 때 이 단축 버튼을 한 번 누르면 바로 1주가 매수됩니다. 여러 종목에 매수 주문을 넣어놨다가 한 번에 취소할 때는 전량 취소 버튼을 누르면 되고요. 정정 주문도

그림 25 [0778] 종목일별 프로그램매매추이 화면을 활용하면
외국인 등 주로 프로그램 매매를 하는 투자자들의 움직임을 파악할 수 있다.
출처: 영웅문 HTS/MTS

시장가로 변경할 때 해당 버튼을 누르면 바로 실행됩니다. 또, 스프레드가 길다고 판단될 때는 해당 버튼으로 정정 주문을 넣어 가격을 조정합니다.

아까도 보았듯, 주로 보는 창 중에 [0198] 실시간 종목 조회 순위가 있습니다. 이것도 30초 간격으로 갱신되게 설정하셨나요?

▶▶ 네, 그리고 저는 [0778] 종목일별 프로그램매매추이 화면을 꼭 봅니다. 당일 트레이딩에 미치는 영향이 크기 때문이죠. 이 창에서는 초 단위로 프로그램 매매 동향이 표시됩니다. 특정 종목에 프로그램 매수가 꾸준히 들어오는 것이 보이면, 이후에도 매수가 이어질 가능성이 높다고 판단해서 계속 모니터링합니다.

프로그램 수급 외에 또 주로 보시는 창이 있습니까?

▶▶ 옆에 신호관리자 창을 띄워두고 있습니다. 이 창에서는 실시간 뉴스가 계속 올라옵니다.

그중에서도 종목과 직접 관련 있는 뉴스만 보고 싶어서, '종목코드 포함 뉴스만 표시'로 설정해 두었습니다. 이렇게 하면 종목명이 없는 일반 뉴스는 제외되거든요. 뉴스가 뜨면 해당 종목과 바로 연동되기 때문에, 종목 차트로 이동해 즉시 매매 판단을 내릴 수 있습니다.

'단독'이나 '특징주' 같은 뉴스도 확인하시나요?

▶▶ 그렇습니다. 종목이 포함된 뉴스 중에서, '특징주'가 붙은 기사나 '세계 최초' 같은 타이틀이 달린 뉴스는 시세 반응이 빠르기 때문에 우선 확인합니다.

또, 최근 핫한 키워드예: CXL, 초전도체, AI 등가 뉴스에 등장하면 해당 종목을 한 번씩 눌러봅니다. 반대로 광고성이 강한 기사는 필터링으로 걸러 노이즈를 최소화합니다.

지수 이평선과 캔들로 읽는 시장의 호흡

캔들 차트는 안 보시나요?

▶▶ 당연히 보죠. 저는 총 4대의 모니터를 사용하는데요, 메인 모니터와 보조 모니터 2대, 그리고 위쪽에 모니터 1대를 배치해 쓰고 있습니다. 일봉 차트는 위쪽 모니터에 크게 띄워놓고 1년치 흐름을 한눈에 볼 수 있도록 길게 설정해 둡니다.

400분봉 차트를 꽤 길게 보시네요.

▶▶ 1년치 흐름을 한눈에 파악하기 편하거든요. 현재 주가가 신고가 구간인지, 아니면 박스권인지 빠르게 알 수 있습니다. 이렇게 일봉은 길게 보면서, 매매

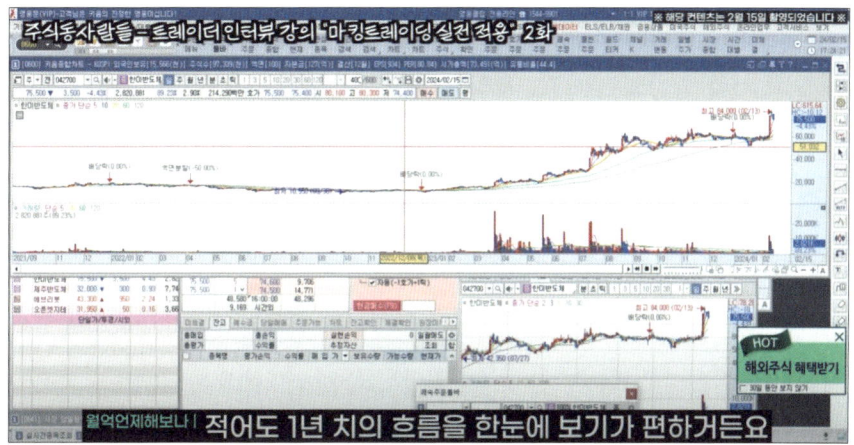

그림 26 월억언제해보나 님의 HTS 차트 세팅 모습
출처 : 채널K '주식동 사람들 강의 인터뷰' 캡처

시에는 주로 일분봉과 3분봉을 함께 봅니다.

일분봉과 3분봉은 어떻게 활용하시나요?

▶▶ 일분봉은 당장의 변동성을 확인하기 위해 작게 띄워둡니다. 반면 3분봉은 당일 전체 흐름을 파악하는 데 사용합니다. 3분봉으로 오늘의 큰 그림을 보고, 일분봉으로 그 안에서의 세부 움직임을 확인하는 방식입니다.

보조지표를 사용하시나요?

▶▶ 아니요. 보조지표는 사용하지 않습니다. 기본적인 캔들, 이동평균선, 거래량, 거래대금 정도만 참고합니다.

보조지표는 사용하지 않으신다고 했는데, 지금 화면은 기본 세팅인가요?

▶▶ 화면 아래쪽에는 거래대금 창을 작게 띄워놓습니다. 거래량 창도 같은 위

치에 두고요. 이평선은 단순 이동평균선253쪽 6 참고 대신 지수 이동평균선253쪽 7 참고을 사용합니다.

단순 이평선과 지수 이평선의 차이를 어떻게 보시나요?

▶▶ 단순 이평선은 변화가 다소 '딱딱하게' 느껴집니다. 예를 들어 파란 선이 갑자기 꺾이는 구간이 나오죠. 반면, 지수 이평선은 좀 더 부드럽고 유연하게 움직입니다. 저는 이런 스무스한 움직임을 선호하는 편이에요.

이평선의 방향을 결정하는 것은 결국 캔들의 움직임입니다. 그래서 저는 캔들을 더 중요하게 봅니다. 특히 20분선을 기준으로 저항을 받다가 돌파하는 흐름을 자주 확인하는데, 지수 이평선에서는 그 과정에서의 지지와 돌파 느낌이 더 섬세하게 드러납니다.

많은 투자자들이 단순 이평선을 쓰지만, 저는 이런 미묘한 변화를 보기 위해 지수 이평선을 선택하는 편입니다.

1분 1% 상승 감지 조건식과 주도주 매매

조건검색식이 조금 특이한 것 같습니다.

▶▶ 네, 제가 보는 조건식 중 하나는 1분 안에 1% 이상 오르는 종목을 모두 잡아내도록 설정돼 있어요. 이 조건식을 쓰는 이유는, 현재 변동성이 발생하는 종목을 실시간으로 파악하기 위해서입니다. 이렇게 하면 1분 안에 여러 종목이 포착되는데, 그중 의미 있는 가격대에 도달한 종목을 골라 매매하곤 합니다.

1분에 1% 상승이면 꽤 빠른 움직임인데, 결국 급등 조짐이 있는 종목을 찾기 위한 것이군요.

▶▶ 맞습니다. 변동성이 생긴 종목 중에서, 차트를 눌러 봤을 때 현재 가격대가 의미 있다고 판단되면 매매에 들어갑니다.

그럼 마킹해둔 종목이 급등 조짐을 보이면, 예를 들어 0.5~1% 추가 상승할 때 다시 진입하시나요?

▶▶ 그때도 분위기와 위치를 보고 판단합니다. 분봉에서 거래대금을 보면, 주도주 성향의 종목은 거래대금이 꾸준히 터지며 상승하는 경우가 많습니다. 반면, 잡주 성향의 종목은 거래대금이 한 번 크게 터진 뒤 바로 줄어들며 하락하는 경우가 많죠. 그래서 종목의 패턴 성향에 따라 접근 방식이 달라집니다.

선호하는 패턴이 있나요?

▶▶ 여러 패턴을 매매하지만, 최근에는 모든 시장 참여자가 주목하는 종목, 그중에서도 특히 강한 거래대금과 함께 힘 있게 오르는 패턴을 선호합니다. 또한 시장의 총 거래대금 비중을 체크하고, 주식 차트뿐 아니라 실시간 채팅방 반응도 참고합니다. 이렇게 시장 분위기를 최대한 읽어내려고 노력합니다.

종목 선택 기준으로 거래대금이나 주도주를 말씀하셨는데, 이슈나 뉴스는 참고하지 않으세요?

▶▶ 제가 좋아하는 매매 방식 중 하나가 뉴스 매매이기도 해서 키움증권 신호 관리자 창을 띄워놓고 실시간 뉴스를 확인합니다. 그중에서 좋은 뉴스라고 판단되면 바로 매매에 들어갑니다.

종목 선정 노하우를 조금 더 구체적으로 알려주실 수 있나요?

▶▶ 일단 당일 시장 분위기를 계속 체크합니다. 특정 종목이 무조건 오른다고 단정 짓지는 않지만, 분위기가 점점 달아오르면 그 흐름을 최대한 활용하려고 해요. 이 정도 분위기면 어디까지 갈 수 있겠다고 판단되면, 먹을 구간이 넓어 보이는 종목 중에서 매매합니다.

그런데 시장 분위기라는 게 다소 모호합니다. 분위기가 좋고 나쁨을 판단하는 기준은 무엇인가요?

▶▶ 저는 매매 횟수가 굉장히 많습니다. 그 과정에서 시장의 호가창, 거래량, 체결 흐름을 몸으로 느낍니다. 이렇게 쌓인 데이터로 분위기를 판단하는 거죠. 확실하다고 느껴지는 타점이나 종목에서는 비중을 크게 싣고, 모호하다고 판단되면 비중을 적게 싣는 편입니다.

돈을 지키는 자만이
판을 지배한다

목표 수익에 도달하면 미련 없이 멈추고,
계좌를 지키는 것을 최우선으로 해야 합니다.

월억 님이 생각하는 스캘핑의 핵심 포인트는 무엇인가요?

▶▶ 종목의 변동성을 최대한 활용하는 것과 손절이 가장 중요하다고 생각합니다. 물론 사람이다 보니 완벽하게 손절을 지키지 못할 때도 있지만, 최대한 원칙을 지키려 노력합니다. 만약 손절 기준선을 벗어나면 뒤도 돌아보지 않고 매도합니다. 그래야 그 자금으로 다른 종목에서 기회를 잡아 손실을 만회할 수 있기 때문이죠.

손절 기준이 있다고 하셨는데, 구체적으로 어떤 기준인가요?

▶▶ 일단 시장 분위기를 많이 봅니다. 단기적으로 주가가 떨어질 때는 시장 분위기가 나빠 보일 수 있지만, 그날의 테마 흐름이나 전체적인 시장 기운을 봤을 때 해당 종목이 한 번 더 치고 나갈 여력이 있다고 판단된다면 조금은 버티죠.

하지만 지켜줘야 할 가격선이 무너진다면 손실을 감수하고 바로 매도합니다. 그리고 현재 시장 분위기에 맞는 다른 종목으로 자금을 옮겨 매매합니다.

주식하면서 가장 힘들었던 시기는 언제였나요?

▶▶ 예전에는 오전에 번 수익을 오후에 다 날리고, 오히려 마이너스로 마감하는 날이 많았어요. 이런 날이 반복되다 보니, 반드시 고쳐야 한다는 필요성을 느꼈고, 그 이후로 매매 습관을 개선했습니다.

특히 2023년 영웅결정전에서는 큰 수익을 거두셨죠. 어떻게 그렇게 많이 벌 수 있었는지 궁금합니다.

▶▶ 대회라는 특별한 의식 없이, 평소 하던 대로 매매했습니다.

뭔가 이렇게 다른 고수분들과 경합을 벌이는 느낌이 좋으신 건가요?

▶▶ 다른 분들이랑 승부를 겨룬다는 생각보다는 저 자신의 목표를 달성하려고 했어요. 이번 대회에서는 '마지막 날 1% 수익을 꼭 채우자'는 목표를 세웠고, 실제로 마지막 날 딱 1%를 달성한 뒤 나머지 매매는 다른 계좌로 옮겼습니다.

다른 사람들에게 주식투자에 대해 조언할 때는 어떻게 말씀하시나요?

▶▶ 저처럼 단타·스캘핑을 권하지는 않습니다. 제 매매 방식은 '고난의 길'이라 누구에게 쉽게 권할 수 없거든요. 대신 미국 ETF 적립식 투자처럼 장기적이고 안전한 방식을 추천합니다.

앞으로의 목표가 있으신가요?

▶▶ 지금처럼 베팅 금액을 차근차근 올리며 계단식으로 성장해 나가는 게 목표입니다. 이렇게 하면 스스로를 일정 부분 '통제'하게 되죠. 다만, 통제에도 불구하고 계속 베팅금액을 늘리고자 한다면, 아예 다른 곳에 자금을 묶어두는 방법이 필요하다고 생각합니다.

좌우명이 있으신가요?

▶▶ "벌 때 벌고, 지킬 때 지키자"입니다.

매매 스타일을 바꿀 계획도 있으신가요?

▶▶ 최근에는 스윙 종목도 병행하고 있습니다. 숙련도가 더 쌓여서 스윙 수익이 데이 트레이딩 수익을 넘어선다면, 스윙 위주로 전환할 수도 있다고 생각합니다.

마지막으로 하고 싶은 말씀이 있다면요?

▶▶ 이번 대회를 치르면서 순위권에 드는 것이 얼마나 힘든지 절실히 느꼈습니다. 더 수련해서 기회가 된다면 1억 리그에도 참가해 보고 싶습니다. 그곳이야말로 진짜 '메이저리그'니까요. 이번 대회는 정말 고수들이 바글바글했고, 그야말로 고수들의 집합소였습니다.

이렇게 전반적으로 매매 방식을 모두 보여주셨는데, 정말 다 알려주셔도 괜찮으세요?

▶▶ 제가 하는 매매가 너무 위험해서 이걸 보신 분들이 따라 하실까 봐 아무래도 걱정이 됩니다. 함부로 따라하지 않으셨으면 좋겠습니다.

월억언제해보나 트레이더의 **투자 원칙**

1 **HTS 시스템을 최적화하라.** F9, F12 단축키와 쾌속주문툴바를 활용한 원클릭 매매로 속도를 극대화하라.

2 **마킹 트레이딩으로 흐름을 놓치지 마라.** 1주를 남겨둔 잔고 창으로 종목의 고점 돌파 신호를 포착하고 재진입 타이밍을 노려라.

3 **1분 1% 상승을 감지하라.** 변동성이 발생하는 종목을 포착하고, 차트와 호가창을 통해 의미 있는 매수 지점을 찾아라.

4 **감정에 휘둘리지 말고 시스템대로 매매하라.** 계좌 분리와 예수금 조절로 감정적 매매를 차단하라.

5 **손절과 익절을 기계적으로 반복하라.** 매수 후 기대한 만큼 오르지 않으면 무조건 매도하는 '기계적 손절'을 체득하라.

찰 나 의 기 회 를 놓 치 지 않 는
상따의 장인

PART 9
트레이더
뭐라도되겠지

상한가
따라잡기

> 어떤 기법을 쓰든,
> 당신의 접근법이
> 추세에 확실히
> 들어가 있느냐가
> 가장 중요하다.
>
> — 리처드 데니스
> 터틀 트레이닝 창시자

- 본 도서에 기재된 모든 내용은 투자자에게 일반적인 투자정보 제공을 목적으로 배포되는 것입니다. 따라서 개별종목에 대한 추천이 아니며 투자판단의 최종 책임은 고객 본인에게 있습니다. 어떠한 경우에도 도서에서 제공되는 내용이 고객의 투자결과에 대한 법적 책임소재의 증빙자료로 사용할 수 없습니다.
- 본 도서는 투자자의 투자를 돕기 위해 제작된 당사의 저작물이며 어떠한 경우에도 복사, 전송, 변형될 수 없습니다.
- 본 도서는 당사가 신뢰할 만하다고 판단되는 정보와 자료에 기초하여 작성된 것이나, 그 정확성이나 완전성을 보장할 수 없습니다. 본 도서에 포함된 내용은 작성일의 판단을 반영한 것이며, 추후에 그 내용 및 정확성이 변경될 수 있습니다.

　뭐라도되겠지_{또다른 활동명은 '배짱이인생'} 님은 투자원금 24만 원으로 시작해 6억 5천만 원까지 계좌를 불린, 상한가 따라잡기_{상따} 전문가입니다. "주식하면 패가망신한다"는 편견 속에서 '망할 거면 젊어서 경험해보자'는 패기 가득한 마음가짐으로 시작해, 투자 경험을 쌓으며 자신만의 확고한 매매 원칙을 구축했습니다.

　뭐라도되겠지 님의 핵심 전략은 '상따 매매'입니다. 상한가 진입 직전인 27~28% 구간에서 진입하고, 매수 후 10초 안에 상한가에 도달하지 않으면 즉시 손절하는 철저한 원칙을 지킵니다. 이런 빠른 판단력은 "상한가 매매에서 망설임은 곧 손실이다"라는 그의 투자 철학을 잘 보여주죠. 차트보다는 거래원을 중시하며, 재료와 테마, 뉴스를 반드시 확인한 후에만 진입합니다. 특히 이유 없는 급등 종목은 절대 건드리지 않는다는 원칙을 철저히 지킵니다.

리스크 관리에서도 독특한 방식을 보여줍니다. 평균 3.3배 레버리지를 활용하는 미수 매매를 하면서도, -3% 손절 원칙을 철저히 지키고 자주 출금하여 라이프라인을 만들어둡니다. "예수금은 중요하지 않다"는 그의 말처럼, 실력만 있다면 소액으로도 충분히 계좌를 키울 수 있다는 확신을 가지고 있죠.

뭐라도되겠지 님은 상따로 많이 먹어야 3%, 잘하면 10% 수익을 목표로 하는 '짧고 확실한' 매매를 추구합니다. 욕심을 부리지 않고 원칙을 지키며, 뇌동매매의 조짐이 보이면 유튜브나 넷플릭스를 보며 매매를 멈추는 절제력도 보여줍니다. "손절 원칙만 잘 지키면 상따는 가장 효율적이고 좋은 매매 중 하나"라고 말하는 뭐라도되겠지 님. 기법보다는 원칙으로 이기는 진정한 베테랑 트레이더의 노하우를 공개합니다.

영상 보러가기

신이 만든 주사위 게임 '소액상따'_7주 만에 500만 원으로 1,230% 찍고 2억 수익!

24만 원에서 6억 5천으로, 수익의 속도가 달랐다

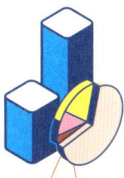

상따는 짧고 확실하게 먹고 나오는 게 전부입니다.

주식 경력은 얼마나 되셨고, 어떻게 주식투자를 시작하셨는지 궁금합니다.

▶▶ 이제 9년 조금 넘었습니다 2022년 기준. 저는 주식을 조금 일찍 시작했습니다. 노동소득만으로는 부자가 될 수 없다고 생각했거든요. 결국 재테크를 해야 한다면 주식이 가장 현실적이라고 봤습니다.

많은 사람들이 "주식하면 패가망신한다"고 말하지만, 저는 언젠가는 주식을 해야만 하는 상황이 올 거라고 생각했습니다. 그래서 '망할 거면 젊을 때 망하고, 그 경험으로 연습하자'라는 마음으로 시작했습니다.

처음 시작할 때 매매 스타일과 성과는 어땠나요?

▶▶ 처음에는 여러 사람들의 매매를 따라 해보려고 했습니다. 그런데 시간이 지나면서, '사람마다 스타일이 다르고, 내 스타일이 아니면 오래 버티기 어렵

다'는 걸 깨달았습니다. 그래서 제 스타일을 스스로 키우는 데 집중했습니다.

처음 수익을 냈을 때는 24만 원으로 시작해 깡통을 찼습니다. 두 번째는 300만 원으로 8천만 원까지 불렸지만, 한 번 크게 잃으며 자금이 줄었죠. 다시 400만 원으로 재도전한 후, 한 달 반 만에 6억 5천만 원을 벌었습니다.

굉장히 빠르게 불리셨는데, 리스크는 어떻게 관리하셨나요?

▶▶ 저는 출금을 자주 하는 편입니다. 미수를 쓰다 보면 한 번씩 크게 맞을 때가 있는데, 미리 출금해둔 돈으로 다시 시작해 라이프라인(생명을 구하는 줄)을 만들어 둡니다. 출금 후 남겨두는 금액은 다 잃어도 상관없는 수준만 남겨놓습니다. 그렇게 하면 부러져도 다시 시작할 수 있습니다.

투자를 가르쳐준 스승이 계신가요?

▶▶ 기법을 직접 배운 스승은 없습니다. 하지만 인터넷에서 실제로 돈 버는 모습을 보여준 사람들을 제 스승이라고 생각합니다. 그들의 매매를 보면서 '나도 할 수 있다'는 확신을 얻었거든요.

상따 매매의 기술과 원칙

어떤 매매 방식을 주로 쓰시나요?

▶▶ 저는 상한가 따라잡기(상따)를 주로 합니다. 상한가 근처에서 매수해 다음 날 갭 상승에 파는 매매입니다. 손절 원칙만 잘 지키면 상따는 가장 효율적이고 좋은 매매 중 하나라고 생각합니다.

상따 종목은 어떻게 추리시나요?

▶▶ 재료와 테마, 외부 뉴스를 참고합니다. 뉴스와 테마 흐름을 오래 보다 보면, '이건 상한가를 가도 충분한 재료다'라는 감이 생깁니다. 그럴 때 진입합니다.

조건검색도 쓰는데요. 다만 범위를 좁게 설정하지 않고, 넓게 잡아서 종목을 하나하나 보며 가지치기합니다. 조건검색은 출발점일 뿐, 최종 판단은 직접 보고 합니다. (스펙주도 매매하십니까?) 네, 스펙주의 경우 매도 가능 여부를 가장 중요하게 봅니다. 예를 들어 1억 원 규모로 상따를 했다면, 상한가 호가 외 나머지 9개 호가에서 제 물량을 소화할 수 있어야 합니다. 그렇지 않으면 상한가가 풀릴 때 손실이 크게 불어날 수 있습니다.

기술적 분석은 얼마나 활용하시나요?

▶▶ 저는 차트를 거의 보지 않는 편입니다. 대신 거래원을 많이 봅니다. 상한가를 향할 때는 대개 큰 물량을 누군가가 들고 가는 경우가 많습니다. 그 물량을 어느 증권사가 가져갔는지를 거래원에서 확인해 참고합니다.

상따 진입 후 상한가가 풀리면 어떻게 하시나요?

▶▶ 상한가가 풀렸는데 재묶음에 실패하면 바로 손절합니다. 또, 일정 퍼센티지 이상 하락이 시작되면 지체 없이 매도합니다. 대회 때 이 원칙대로 손절매를 반복한 적이 있는데, 결국 상한가까지 다시 가야 한다는 생각으로 매수·매도를 반복하다 보니 손절이 많아졌습니다. 하지만 일반적으로는 풀린 종목을 다시 사는 일은 거의 없습니다.

상따 진입 타점은 어떻게 잡으십니까?

▶▶ 예전에는 24% 근처에서 들어가기도 했지만, 지금은 상한가 진입 직전 확실한 순간에만 진입합니다. 보통 27~28% 구간에서 매수하며, 매수 후 10초 안에 상한가에 도달하지 않으면 좋지 않게 봅니다. 확실할 때만 들어가는 이유는 변동성이 크기 때문에 모호한 구간 진입은 리스크가 높기 때문입니다.

만약 그때 들어갔는데 상한가로 못 갔다면, 바로 손절합니다. 상한가 매매에서 망설임은 손실로 직결됩니다.

매도 시점은 어떻게 잡으시나요?

▶▶ 보통 다음 날 오전 9시 30분 이전에 팝니다. 다만 뉴스나 재료가 정말 강력하다고 판단되면 오전 이후까지 보유하기도 합니다.

상따 매매에서 가장 중요한 요소는 손절입니다. 저는 다루는 종목이 모두 급등주이기 때문에, 손절을 안 하면 정말 큰일이 납니다. 상따는 하루 30% 변동폭이 있기 때문에, 잘못 잡으면 손실도 순식간에 커집니다. 그래서 무조건 손절을 잘해야 하고, 손절을 못 하는 사람에겐 매우 위험한 매매라고 생각합니다.

손절의 기준이 궁금합니다.

▶▶ 일단 저는 스캘퍼가 아니기 때문에 단타 기준으로 -3%를 잡습니다. 스캘핑이라면 훨씬 짧게 잡아야 한다고 봅니다. 제 매매는 매수 후 보통 몇 분에서 몇 시간 정도 보유하는 단타 스타일입니다.

상따로 어느 정도 수익을 기대하십니까?

▶▶ 상따는 적으면 3%, 잘하면 10% 수익입니다. 하지만 이런 큰 수익은 드물

고, 안정적인 손익 관리를 위해 기본적으로 짧게 끊는 매매를 합니다.

신용·미수를 쓰고 매매하는 이유와 노하우는 무엇인가요?

▶▶ 저는 스펙트럼 플러스를 씁니다. 평균적으로 3.3배 레버리지가 들어갑니다. 이렇게 미수를 쓰면 수익률을 많이 낼 수 있지만, 그만큼 손절이 절대적으로 중요합니다. 미수를 쓰는 사람이 손절 못하면 계좌가 순식간에 깡통이 됩니다.

미수 사용이 부담스럽지 않으신가요?

▶▶ 미수를 쓴 지 7~8년 정도 됐기 때문에 웬만한 변동성에는 무덤덤해졌습니다. 오히려 확실한 타점이 잡히면 미수를 쓰는 것이 효율적이라고 생각합니다. 리스크 관리와 손절만 철저히 하면 상따만큼 편하게 버는 매매는 드물다고 봅니다.

뭐라도되겠지 님의 상따 매매 원칙

- **진입 타이밍**: 상한가 진입 직전, 즉 27~28% 구간에서 진입, 매수 후 10초 안에 상한가에 도달하지 않으면 좋지 않음
- **매수 근거**: 상한가를 가도 충분한 재료와 테마가 있는지 확인
- **매도 시점**: 보통 다음 날 오전 9시 30분 이전에 매도
- **손절 원칙**: 손절가는 -3%, 상한가 풀리고 재진입에 실패하면 바로 손절
- **HTS 활용**: 호가창 2개로 동일 퍼센티지 대 종목을 동시에 비교, 뉴스창에 '특징' 키워드를 설정해 관련 뉴스를 실시간으로 확인하며, 이유 없는 급등은 피함

⟶ 상따는 큰 수익보다, 짧고 확실하게 먹고 나오는 것이 중요!

멈춤과 절제 :
잃지 않는 거래의 무기

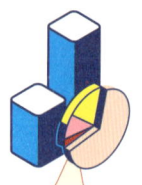

이유 없는 급등 종목에는
절대 진입하지 않습니다.

HTS 화면은 어떻게 구성하시나요?

▶▶ 저는 호가창 2개, 차트 1개, 그리고 관심종목 창을 중앙에 둡니다. 추가로 프로그램 매수·매도창, 미니 체결창, 뉴스창을 띄워 놓습니다. 미니 체결창은 단주소량 체결을 제외하도록 설정해서, 화면이 복잡해지지 않게 합니다.

호가창을 2개 띄우는 이유는 무엇인가요?

▶▶ 같은 퍼센테이지 대에서 움직이는 두 종목을 동시에 비교하기 위해서입니다. 예전에는 한 종목만 보다가 다른 종목이 상한가를 가버리는 경우가 많았는데, 두 종목을 동시에 보면 이런 기회를 놓치지 않습니다.

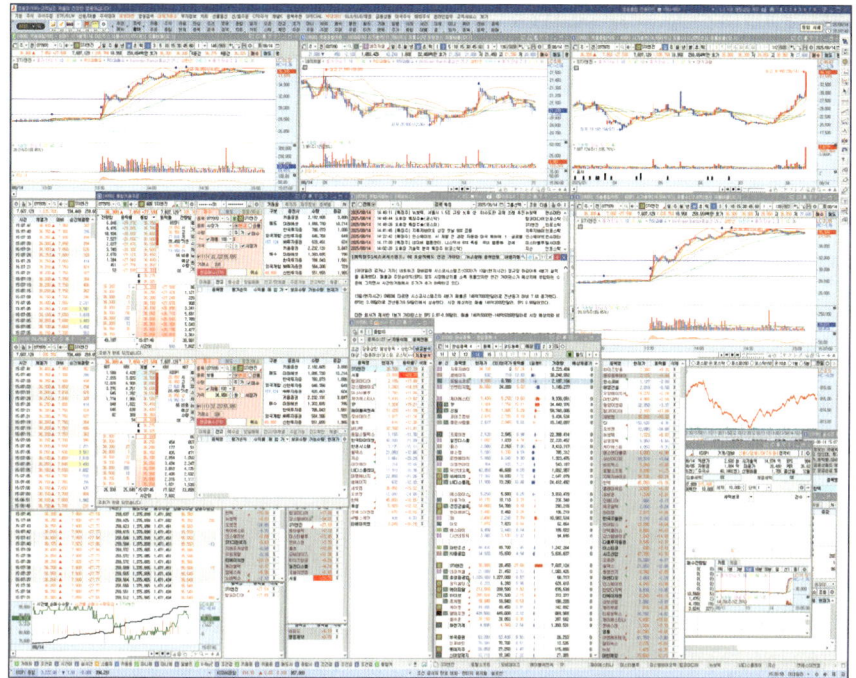

그림 27 뭐라도되겠지 님의 실제 HTS 세팅 화면
출처 : 뭐라도되겠지 트레이더 제공 / 영웅문 HTS 캡처

프로그램 매수·매도창은 어떻게 활용하시나요?

▶▶ 프로그램이 지속적으로 사고파는 종목은 피하는 편입니다. 그런 종목은 단기 변동성이 과도하고, 원하는 타점에서 진입·청산하기 어려운 경우가 많기 때문입니다.

뉴스창 활용은 어떻게 하시나요?

▶▶ 뉴스창에 '특징' 키워드를 설정해 실시간으로 관련 뉴스를 확인합니다. 상따 진입 시 반드시 이유를 알고 들어가야 하기 때문에, 뉴스 없이 이유 없는 급등은 아예 건드리지 않습니다.

진입 전에 뉴스를 꼭 보시나요?

▶▶ 네. 저는 반드시 뉴스를 보고 들어갑니다. 매매에는 반드시 이유가 있어야 한다고 생각합니다. 이 종목이 테마로 오르는지, 특정 뉴스로 오르는지를 알고 있어야 하며, 이유를 모르는 종목은 아예 손대지 않습니다.

가끔 이유 없이 가는 종목들이 있는데, 저는 그런 종목은 아예 안 봅니다. 상따를 할 때는 이유를 반드시 알고 진입하는 것이 원칙입니다.

특별한 매매 노하우가 있다면요?

▶▶ 테마가 전부 오를 때는 대장주를 합니다. 테마 전체가 강하게 움직이는 상황에서 대장주는 다른 종목들보다 탄력이 좋고, 수급도 안정적으로 들어오는 경우가 많습니다.

시간외 거래는 하시나요?

▶▶ 거의 하지 않습니다. 시간외 단일가 매매는 자금을 크게 넣을 수 없고, 제가 1억 원 정도만 매수해도 제 물량을 보고 따라붙는 사람들이 있습니다. 그렇게 되면 제 진입이 고점이 되는 경우가 많습니다. 이런 이유로 시간외 매매는 웬만하면 피합니다.

'오늘 상한가 갈 종목'이라는 감이 올 때도 있나요?

▶▶ 있습니다. 하지만 그럴 때도 보통은 상한가 진입 직전까지 기다립니다. 말씀드렸듯, 상따로는 보통 많이 먹어야 3%, 잘 먹으면 10%까지 수익을 낼 수 있습니다. 그 이상 지나친 욕심은 경계해요. 상따는 짧고 확실하게 먹고 나오는 게 정말 중요합니다.

부담스러운 매매를 하다 보면 뇌동매매가 될 때도 있지 않나요?

▶▶ 네, 있습니다. 하지만 저는 그 순간 내가 뇌동하고 있다는 걸 바로 인지합니다. 매매 중 뇌동 조짐이 보이면, 그날 계획한 자리나 타점이 아니면 절대 진입하지 않으려고 합니다. 그냥 쉬는 게 손실을 줄이는 가장 빠른 방법일 때가 많습니다. 최대한 다른 일을 하면서 매매를 멈춥니다. 주로 유튜브나 넷플릭스를 보면서 시선을 다른 데로 돌립니다. 이렇게 잠시 매매 화면에서 벗어나면 충동적인 진입을 줄일 수 있습니다.

트레이딩 관련해서 좋아하는 문구가 있나요?

▶▶ "예수금은 중요하지 않다"입니다. 실력만 있다면 몇만 원, 몇십만 원 같은 소액으로도 충분히 계좌를 키울 수 있습니다. 중요한 건 금액이 아니라 매매 실력과 원칙입니다.

초보 투자자들에게 금액 운용에 관해 조언하신다면요?

▶▶ 초보일수록 큰 금액으로 시작하지 않았으면 좋겠습니다. 처음부터 큰 금액으로 굴리면, 실수했을 때 손실 규모가 커져 멘탈이 무너집니다. 소액으로 경험과 원칙을 먼저 쌓고, 자신 있는 자리가 보이기 시작할 때 금액을 늘리는 게 안전합니다.

뭐라도되겠지 트레이더의 **투자 원칙**

1 **손절 원칙만 잘 지키면 상따는 최고의 매매법이다.** 리스크 관리와 손절만 철저히 하면 상따만큼 편하게 버는 매매는 드물다.

2 **거래원, 재료, 테마를 보고 종목을 판단하라.** 차트보다는 거래원을 통해 큰 물량을 누가 가져갔는지 확인하고, 상따는 '상한가를 가도 충분한 재료'가 있는 종목으로 한다.

3 **확실할 때만 진입하고, 10초의 망설임도 버려라.** 상한가 진입 직전의 확실한 순간에만 들어가고, 매수 후 10초 안에 상한가에 도달하지 않으면 바로 손절한다. 상한가 매매에서 망설임은 곧 손실이다.

4 **'예수금은 중요하지 않다'는 마인드를 가져라.** 실력이 있다면 몇만 원으로도 충분히 계좌를 키울 수 있다.

5 **자신만의 매매 스타일을 구축하라.** 남의 매매를 따라 하는 것보다, 자신에게 맞는 매매 스타일을 스스로 키우는 것이 오래 버틸 수 있는 길이다.

주식 용어 설명

|기술적 분석 용어|

1. **골든크로스** 단기 이동평균선이 장기 이동평균선을 상향 돌파하는 현상으로, 강력한 상승 신호로 해석됨.
2. **눌림목** 상승 추세 중에 일시적으로 주가가 하락한 후 다시 상승을 재개하는 지점. 매수 세력이 강할 때 나타나는 현상으로, 상승 추세의 지속성을 확인하는 중요한 신호임.
3. **이동평균선(이평선)** 일정 기간 동안의 주가를 평균하여 선으로 연결한 기술적 분석의 핵심 지표. 5일, 20일, 60일, 120일선 등이 대표적이며, 주가가 이평선 위에 있으면 상승세, 아래 있으면 하락세로 판단함.
4. **단기 이동평균선** 5일, 10일, 20일 등 짧은 기간의 이동평균선.
5. **장기 이동평균선** 60일, 120일, 200일 등 긴 기간의 이동평균선.
6. **단순 이동평균선(SMA)** 특정 기간의 종가를 단순히 산술평균하여 계산한 이동평균선. 모든 데이터에 동일한 가중치를 부여하므로 안정적이지만 변화에 대한 반응이 느림. 장기 추세 파악에 유용하며, 20일선, 60일선 등이 대표적으로 사용됨.
7. **지수 이동평균선(EMA)** 최근 데이터에 더 큰 가중치를 부여하여 계산한 이동평균선. 단순 이동평균선보다 주가 변화에 민감하게 반응하므로 단기 추세 변화를 빠르게 포착할 수 있음.
8. **데드크로스** 단기 이동평균선이 장기 이동평균선을 하향 돌파하는 현상으로, 하락 추세로의 전환을 시사하는 약세 신호로 해석됨.
9. **매물벽** 특정 가격대에 집중된 대량의 매도 주문으로 형성되는 저항선.

| 가격 수준 용어 |

- ⑩ **박스권** 주가가 일정한 상한선과 하한선 사이에서 횡보하는 구간.
- ⑪ **전고점** 과거 최고가격을 기록했던 지점으로, 중요한 저항선 역할을 함.
- ⑫ **호가창** 실시간으로 매수 주문과 매도 주문의 가격과 수량을 보여주는 화면.

| 매매 전략 용어 |

- ⑬ **낙주매매** 급락한 주식을 저가에 매수하여 반등 수익을 노리는 역추세 매매 전략.
- ⑭ **뇌동매매** 감정이나 충동에 의해 합리적 판단 없이 진행하는 비계획적 매매. FOMO Fear of Missing Out나 패닉 셀링 등이 대표적으로, 투자 원칙과 계획을 무시한 채 시장 분위기에 휩쓸려 매매하는 것.
- ⑮ **단기매매** 수일에서 수주 내의 짧은 기간 동안 진행하는 매매 방식.
- ⑯ **데이 트레이딩** 하루 내에 주식을 매수하고 매도하여 포지션을 청산하는 초단기 매매 전략. 장 마감 시 보유 종목이 없는 것이 특징이며, 일중 변동성을 이용해 수익을 창출함.
- ⑰ **돌파매매** 주요 저항선이나 지지선을 돌파하는 순간을 포착하여 매매하는 추세추종 전략. 박스권 상단 돌파 매수, 지지선 이탈 매도 등이 대표적임.
- ⑱ **스윙매매(스윙 트레이딩)** 수일에서 수주간 주식을 보유하며 단기 추세의 변화를 이용하는 매매 전략. 데이 트레이딩보다 여유로우면서도 장기투자보다 빠른 수익 실현이 가능함.
- ⑲ **스캘핑** 수초에서 수분 내에 작은 가격 변동을 이용해 소액 수익을 반복적으로 얻는 초고빈도 매매 전략.
- ⑳ **종가매매** 장 마감 직전 종가 근처에서 매매하는 전략으로, 기관투자자들의 대량 거래나 프로그램 매매가 종가에 집중되는 특성을 활용하는 것.
- ㉑ **추세매매** 주가의 상승 또는 하락 추세를 따라 매매하는 순추세 전략. 이동평균선, 추세선 등을 활용하여 추세 방향을 확인하고 그에 따라 매매함.

| 주문 및 시장제도 관련 용어 |

㉒ 시장가주문 현재 시장에서 거래되고 있는 가격에 즉시 매수 또는 매도하는 주문 방식.

㉓ 허수주문 실제 체결 의도 없이 주가 조작이나 시장 교란 목적으로 넣는 가짜 주문. 대량 주문으로 다른 투자자들을 속인 후 주문을 취소하는 방식으로, 불공정거래행위에 해당함. 금융당국의 감시가 강화되고 있으며, 발각 시 과징금이나 형사처벌을 받을 수 있는 불법행위.

㉔ 호가주문 호가창에서 원하는 가격에 직접 매수 또는 매도 주문을 넣는 방식. 시장가주문과 달리 원하는 가격에서만 체결되므로 가격 통제가 가능하지만, 체결되지 않을 위험이 있음.

㉕ VI(변동성 완화 장치) 주식 가격이 단시간에 급등하거나 급락할 때 자동으로 매매를 2분간 중단시키는 안전장치. 정적VI(가격 기준)와 동적VI(거래량 기준)로 구분되며, 발동 시 해당 종목의 매매가 일시 정지됨.

트레이딩의 전설

초판 1쇄 발행　2025년 9월 30일
초판 3쇄 발행　2025년 11월 7일

엮은이 / 인터뷰어　키움증권 채널K / 김동환
인터뷰이(목차순)　불개미, 신정재, 청사진, 방배동선수, 만쥬, 바른다른, 캐리,
　　　　　　　　월억언제해보나, 뭐라도되겠지 등 9인

펴낸곳　넥스트씨
펴낸이　김유진
출판등록　2021년 11월 24일(제2021-000036호)
홈페이지　nextc.kr
전화번호　0507-0177-5055
이메일　duane@nextc.kr
주소　서울시 중구 서애로23 3층, 318호

ⓒ 키움증권 채널K, 2025
ISBN 979-11-990676-8-4　13320

※책 가격은 뒷표지에 있습니다.
※잘못된 책은 구입한 곳에서 바꿔드립니다.